U0595561

不起的孩子

如何培养高情商、抗挫折力强的孩子

ちゃんと泣ける子に育てよう

[日] 大河原美以 著

钟小源 译

北京时代华文书局

图书在版编目（CIP）数据

了不起的孩子 / （日）大河原美以著；钟小源译 . -- 北京：北京时代华文书局，2019.12

ISBN 978-7-5699-3347-5

Ⅰ . ①了… Ⅱ . ①大… ②钟… Ⅲ . ①家庭教育－研究 Ⅳ . ① G78

中国版本图书馆 CIP 数据核字 (2019) 第 297718 号

北京市版权局著作著作权合同登记 图字：01-2019-7089

了不起的孩子

LIAOBUQI DE HAIZI

著　　者 | 大河原美以
译　　者 | 钟小源
出 版 人 | 陈　涛
选题策划 | 薛纪雨　刘昭远
责任编辑 | 徐敏峰　姜锦赫
责任印制 | 郝　旺
出版发行 | 北京时代华文书局 http://www.bjsdsj.com.cn
　　　　　北京市东城区安定门外大街 136 号皇城国际大厦 A 座 8 楼
　　　　　邮编：100011　电话：010 - 83670692　64267677
印　　刷 | 唐山富达印务有限公司
　　　　　（如发现印装质量问题，请与印刷厂联系调换）
开　　本 | 880mm×1230mm　1/32
印　　张 | 6.5
字　　数 | 110 千字
版　　次 | 2020 年 3 月第 1 版
印　　次 | 2020 年 3 月第 1 次印刷
书　　号 | 978-7-5699-3347-5
定　　价 | 48.00 元

前　言

　　孩子是父母的至宝。孩子为我们带来欢乐，丰富我们的生活。但与此同时，他们也会让我们不安、难过。之所以会产生这样的感情，是因为孩子对于我们而言是无比重要的。那么孩子为何会让我们的内心如此动摇？

　　父母有教育孩子感情的义务。既然把孩子生下来了，我们就必须履行这个义务。"义务"这个词听上去比较强势，不过我特意选择了这个词。为了履行这个义务，家长需要有身为家长的思想准备。这个思想就是，"爱我们的孩子"。

这看上去理所应当，做起来却十分不容易。如果我们爱孩子，是因为孩子能给予我们以慰藉，或是因为孩子能够满足我们作为父母的自尊心，那么，我们将无法完成这个义务。

从年幼的孩子们所引起的，各种无法用常识所想象的事件中，可以看出，孩子们的感情成长确实面临着危机。同时非常遗憾的是，这个危机并非与父母无关，就算父母非常努力地、以非常普通的方式教育孩子，在这样的亲子关系中，也会存在危机。

明明父母们是这样全心全意地爱着孩子，然而，孩子的感情成长却面临着危机，越是想培养出一个体贴的、温柔的孩子，孩子就越不会控制自己的感情。这就是现在儿童教育的现实。

这本书是写给那些正在为了教育孩子而费尽心思的家长们的，如果从第 4 章开始阅读，就能够知道我写这本书的目的。

前 3 章里，我设立了一个与父母沟通的情景，并以对话的形式进行创作。在第 4 章中则是与小学老师交流的情景。我希望通过这样的对话形式，让各位读者能够一边对照着自己的疑问一边进行阅读。在第 5 章里记录了我的一些想法。我非常希望这本书能够为各位父母心爱的孩子的健康成长起到一些帮助。

目　录

第 3 章　学校中孩子们危险的表现

第 4 章　从现在起父母能做的事

第 5 章　大人的义务与责任

第 1 章

感情的成长

1. 把孩子培养成"好孩子"的愿望

优太和步美是两个 3 岁的孩子。

我想与优太和步美的爸爸妈妈一起，聊一聊如何培养孩子的感情。

优太妈妈："你对我说'父母有义务培养孩子的感情'，可是父母要怎样做呢？意思是说，把孩子培养成忍耐力强的小孩就可以了吗？"

有了小孩以后，大家一般都会想把他培养成好孩子。这种时候，家长通常希望他的孩子拥有更好的忍耐力。

但是，这是一个很大的误解。说到"能忍耐的孩子"，人们通常的印象会是：这个孩子不会轻易流露自己的感情，不会动不动就哭、生气、不高兴、闹脾气。因为这样的孩子才会被评价为好孩子。但是，我要说的"培养孩子的感情"并不是把孩子培养成不会流露自己感情的人，而是要把他培养成能好好地表达自己感情的人。

优太妈妈："可是，如果孩子动不动就哭、生气、不高兴、闹脾气的话，我会很为难的……而且如果让孩子变成这样，旁人还会觉得他的父母没有好好管教，哪怕孩子岁数再小，也要明白什么场合该做什么，这样才行啊……"

没错，因为在意周围人的看法，父母们会非常不安的吧。自己没能好好控制住孩子，是不是意味着别人会认为自己"作为父母不够合格"——这种不安的感觉总是纠缠着他们。

优太妈妈："因为，我的母亲和婆婆都认为，如果父母好好管教，孩子就会成长为一个好孩子，但凡我家孩子有一点比其他孩子差的地方，她们就会问我'你有没有好好地教导他？'这让我感受到很大的压力。而且，婆婆还说'我可没有把孩子养得那样任性'，这好像是在说，是我把孩子养得那么任性的。

如果孩子哭、生气或者不乖的话，我就会被当成一个不合格的母亲……"

是啊。正因为如此，父母们非常害怕孩子自由表达自己的感情。从孩子还很小的时候，他们就希望孩子乖乖听话吧！

步美妈妈："你让我把孩子培养成一个能痛快哭出来的孩子，但是步美一哭，我就感到害怕，不知如何是好，大脑也一片空白。所以，我会早早地做好准备，不让孩子哭。与此同时，我又担心自己会对孩子保护过度。但是，为了不让孩子哭，我想，这也是没办法的事。"

优太妈妈："我会反过来怒声问孩子'为什么要哭呢'，尽管这会让孩子哭得更厉害……等回过神来，我又会因为自己的失态懊恼，产生自我厌恶感。"

爸爸们又是怎么看的呢？

从爸爸们的角度来看，"培养孩子的感情"意味着什么？

优太爸爸："我认为孩子呢，基本上放着不管自然就长大了，所以我觉得母亲们对此有些反应过度啊。至于'把孩子培养成能好好哭出来的孩子'是什么意思呢？在我看来，不让孩子哭才是重点。孩子要是哭了，我基本上是不管的。因为我小时候也是这样，父亲并没有怎么管我……所以如果有人让我履行做父亲的职责，我也不知道他究竟期待我做什么。我感到十分困扰，毕竟现在社会上都在批判父亲不好好教育孩子，而我不知如何是好，这也是我困惑的理由。"

步美爸爸："我则正好相反，父亲从小对我的教育就十分严厉，所以我认为父亲的职责就是要对孩子严格一些，这样孩子的心智才会得以成长。不过不知道是不是因为我家生的是女儿，稍微严厉一点儿，她就像冻僵了似的，面无表情，养女儿真是不容易啊……事实上我也开始有点不安，可能只凭着严厉是无法教育好小孩的。"

原来如此。这两对父母所说的，可能代表了当今大多数家长的感受吧。家长们都竭尽全力想要把孩子培养好，尤其是跟孩子接触更多的母亲们，她们可能每天都很烦恼吧。而另一方面，爸爸们的想法则是："我们也是这样长大的，只要按照我们小时候受到的教育来教育孩子，孩子就能正常地成长吧。"是稍微有一点乐观的想法。

话说回来，正是因为家长以前受到的教育在孩子们身上行不通，孩子们的感情发育才会陷入危机。

步美妈妈："请不要这么说，我越来越搞不懂应该如何教育孩子了。"

优太爸爸："有点压力啊。那教育小孩究竟需要学些什么呢？"

也不是说要学些什么，现在我们一心想着要把孩子教育好，这个想法成了我们的束缚，而我们要做的就是从"常识"的束缚中解放出来。所谓的"常识"指的是让孩子接受自己曾经所受到的教育。

我们想把孩子培养成"有同情心的人"，同时也希望自己的孩子是"温柔的"，最近这样的风潮似乎尤为强烈。在这里引用一下玩具生产商万代在其网站主页上每月进行的"万代儿童问卷调查（http://www.bandai.co.jp/kodomo/）"的2003年度的结果。

以下是我从0到12岁的问卷调查参与者中分别随机抽取1000名男孩和女孩得到的结果。被问到"您孩子的优点是什么呢？"时，41.1%的人的回答是"温柔、有同情心"。被问到"别人怎样夸奖您的孩子，您会感到高兴？"时，3岁至5岁的孩子的家长回答得最多的是"能好好地跟人打招呼真了不起"，6岁至8岁和9岁至12岁的孩子家长的回答中最多的则是"真温柔呀"。同时对于"您希望孩子成为怎样的大人"这一提问，出现率最高的三个回答分别是"温柔的人（28.4%）""有同情心的人（18.9%）""了解他人的痛苦和感受的人（14.0%）"，共占比61.3%。

这个万代儿童问卷调查的结果显示，对现在正在育儿的家长们来说，"温柔""有同情心"的理想形象十分重要，家长们容易将"温柔而有同情心的孩子"看作是"好孩子"。

但事实上，在家长面前表现得十分温柔的孩子，却有可能学校老师或其他大人目不所及的地方，陷入无法控制自己的攻击性情感状态中，这样的现实状况渐渐增加，其严重性甚至让许多学校的老师都陷入崩溃。

这意味着我们必须重新考虑，我们在孩子身上追求的"温柔"的本质究竟是什么。如果我们追求的是能够给自己带来慰藉的"温柔"，那将会对孩子感情的成长产生重大的阻碍。

当父母希望子女成为"温柔""体贴"的孩子的时候，准确地说家长应该是希望在孩子超过 20 岁（注：日本人 20 岁成年）的时候，成为"温柔""体贴"的大人，希望当孩子长大成人之时，能够走入社会，发现工作的喜悦，能够爱自己的家人，有能力保护自己的所爱。

家长们一定不会希望自己的孩子只在小时候对自己表现得

温柔、善良、有同情心，长大成人后却无法走入社会，或是伤害他人，对心爱的妻子和孩子施加暴力吧。

我们在儿童的教育问题上有一个重大的误解，那就是我们错以为要想让孩子长大后成为一个有同情心的大人，就必须要让孩子在儿童时期一直做一个有同情心的孩子才行。

首先，在教育孩子时必须要做的一个心理准备是——孩子必然会有所不足，也一定会让身为父母的我们操心。

步美妈妈："诶，原来是这样吗？因为我从小就被教导说'要考虑周围孩子的感受'，所以误以为只要孩子从小就能在乎他人的感受，长大后就能成为体贴的人。"

刚出生的婴儿每隔两小时就会因为肚子饿开始哭，哪怕是深夜也会毫不留情地把妈妈吵醒，就算妈妈困得不得了，小宝宝还是会发出仿佛世界末日一般的哭声吧！然后，当他的肚子填饱了，舒服了，便又会香甜地进入梦乡。

婴儿的这种"不顾别人感受"索取的能量，便是"生存能力"

的源头，要想丰富孩子的内心世界并培养他们的生存能力，这种能量是必要的。

实际上，一旦妈妈陷入了产后抑郁症，宝宝也会变得不爱哭起来。就算是刚出生的小宝宝，也能察觉到妈妈现在状态不好，懂得体贴妈妈。但与此同时，宝宝自身的"生存能力"就会弱化。从小就开始照顾周围人感受的孩子，其"生存能力"也会相应地减弱，但父母反而期待孩子能够察言观色，因为这样对大人来说更加方便。

优太爸爸："我渐渐开始明白什么是'常识的束缚'了。原来宝宝的'不顾别人感受'的能量就是'生存能力'啊，真叫人大开眼界。确实，也许我们真的被'怎样的小孩才是好小孩'的常识支配着。"

在孩子的婴儿时期，被哭声唤醒的父母会拼命地哄着孩子入睡，因宝宝香甜的睡颜得到慰藉，并从中体会到育儿的喜悦。但尽管如此，当孩子年纪稍微大一点之后，我们就容易变得希望孩子照顾我们的感受，希望他们学会控制自己的情绪，想要看到他们面带笑容、精力十足、开开心心地过每一天。

孩子在幼儿期（1—6岁）时，通常会以自我为中心，丝毫不考虑自己给父母所造成的麻烦。能把自己身体的想法直接表现在感情上，这意味着孩子是"健康"的。因为从大脑发育的角度来讲，这是极为自然的事情。

优太妈妈："原来是这样啊。您前面说的孩子在婴儿期的情况，我能够理解孩子。那个时候的行为的确是能够谅解的。大概从他学会走路，能稍微听懂我们说话的时候开始吧！差不多从两岁多开始进入第一反抗期的时候，我就完全不能像以前那样从容应对了，会开始想为什么孩子不理解我们父母的心情呢，想着想着就会有点儿生气。虽然我也知道这样是不好的……"

"哭"的能力是婴儿与生俱来的本事。起初是当孩子感到身体不舒服，比如肚子饿了、觉得太热了或是着凉了的时候，他们会通过哭来寻求帮助。

也就是说，婴儿实际上是借助哭来传达"帮帮我！帮帮我！"的讯息。对婴儿来说，饿肚子可是生死存亡的紧要关头。和大人不同，婴儿的身体状况很弱，以至于如果一直饿着肚子就会一命呜呼，所以婴儿为了保护自己的性命，天生就具备通过哭来传达自己身体不适的能力。

通过获得母乳或牛奶、让身体变得温暖，婴儿的身体也舒服了起来。通过这一过程的每日重复，婴儿得以获得对内心成长而言的最重要的感情——"安心感、安全感"。即只要求助他人就能获得帮助的安心感、安全感。我们虽然很容易忽视使身体感到安心、安全的能力的重要性，但安全感、安心感是内心成长的基础，十分重要。

当婴儿感到不快、闹别扭的时候，妈妈和爸爸的拥抱可以让婴儿重新获得安心感和安全感，这是哺乳期的育婴基础。这个看似理所应当，每天都在被重复的行为，对日后培养孩子的感情起到十分重要的作用。

但是，孩子再长大一点，"在孩子哭着闹别扭的时候抱孩子"这件事也会变得困难起来吧。孩子开心的时候，爸爸妈妈经常会拥抱孩子。但是当我问起，孩子哭着闹别扭的时候能不能抱孩子的时候，很多父母似乎都会选择不抱。

步美妈妈："是的，我就是这样的。孩子哭了，我都会先让他不要哭，等他恢复笑容后才会再把他抱起来。"

步美爸爸："如果是我，我就会大声叫他别哭了，所以当然是不会抱孩子的。"

优太妈妈："我担心孩子会养成索取拥抱的习惯，变得任性，就想着不能太惯着他，所以一直觉得不能抱孩子。"

优太爸爸："孩子闹脾气的时候越是搭理他，他就越闹腾吧？所以我一直觉得放着不管就可以了。不过……这是不是有点不太好呢。"

我写这本书就是为了告诉家长，孩子闹别扭、哭鼻子的时候，也就是说当孩子被不愉快的感情等负能量支配时，拥抱是多么重要。

2. 感情的教育

通过语文或道德教材，我们逐渐了解到他人的感受以及他人给予我们的关怀，并且在这种教育下渐渐长大成人。但是类似于"我很开心""我很难过""我很生气""我感到不安"之类的感情又是谁传授给我们的呢？一般人都会觉得，这是我们长大懂事以来自然而然就会明白的事情，并不是别人给予我们的。也就是说，我们都以为了解自己的感情是理所应当的。

然而实际上，要想了解自己的感情是十分困难的。就连大人都会在难过的时候发脾气，不安的时候笑出声。搞不清楚自己感情的情况绝不罕见。

但是，我留意到孩子们搞不清自己感情的情况越来越多了，这成了一个十分严重的问题。因为"不了解自己感情"就会导致孩子们在成长中出现各种各样的困难。

　　所以，我们首先要明白，让孩子们感受到自己的感情是十分重要的。让孩子们能够说出"我很高兴""我很难过""我很生气"这样的话并且重视自己的感情，对孩子的成长尤为重要。

　　优太妈妈："我知道让优太能说出'我很高兴！'这样的话是很重要的，我也十分重视这一点。可我觉得'优太很难过''优太很生气'这样的话是不好的，所以您让我重视这些，我也不太明白具体是什么意思啊。而且孩子也不怎么说这种负面的话呀……"

　　的确，有像优太妈妈这样的想法的人也许是比较普遍的。

　　如果各位在读完这本书之后，这样的"常识"能够得到瓦解就再好不过了。据说差不多到了 3 岁左右，大多数的孩子都开始学会说"我很高兴"了。不过像"我很难过""我很生气""我不服气"这样比较消极的、不愉快的感情能否被孩子们表达出来，就存在着较为显著的差异。

有的孩子就算到了初中、高中、大学，都说不出"我很难过""我不服气"，也就是说即便到了这个年纪他们依然不明白自己的感情，与此相应地，也难怪他们会对人施加暴力、口出恶言、惹下麻烦、拒绝吃饭、甚至伤害自己的身体了……

步美妈妈："诶！这件事情居然如此重要吗？您的意思是，要让我重视孩子自身的感情？现在回想起来，如果步美哭了，我可能根本没有考虑过她的心情，反倒光想着自己有多头疼……"

步美爸爸："嗯，你确实会这样。就是因为你就老是在讨步美开心，我才会认为'非得由我来好好教育步美不可'，所以我对她比较严格……不过怎么说呢，我也从来没考虑过步美的感受，只觉得'我有在好好地教育孩子'的存在是十分重要的，因此我也是只考虑了自己的感受罢了。"

没错。所谓"当父母的思想准备"，就是让父母更加重视孩子的感情，而不是自己的感情。

虽然大多数家长都是在孩子们产生了一些不适应的状况后才开始面对这个"试炼"，不过我认为早点转换方式是最好的。

我们爱着孩子们，所以会希望他们尽可能远离愤怒、悲伤、憎恨、恐惧和不安等负面感情，总是能够面带笑容、精神饱满。孩子若是能够保持笑容、充满精气神儿，就说明他不会被愤怒、悲伤、憎恨、恐惧和不安支配，这样父母才能够放下心来。

但是很遗憾，不管我们有多么盼望，孩子们都不可避免地会接触到负面的感情。

因为这是一种生理现象。所谓的生理现象，是指身体的反应。感情是身体中流淌的能量，是一种无法以自我意识来控制的身体反应。

当妈妈在给弟弟喂奶的时候，"不甘心"的能量就会在身体里流淌；当爸爸愿意陪自己玩时，体内流淌的是"喜悦"的能量；当肚子饿了，想睡觉的时候，身体中就会流淌着"不开心、闹别扭"的能量。

"怒不可遏""忍无可忍"这样的成语，表达的就是这样的意思。强烈的愤怒是我们身体的自然反应。当我们开心、喜悦之时，内心就会涌起一种欢快的感觉；当我们生气时，就会血压上升，面红耳赤，试图按捺内心怒火的话，说不定手会颤抖起来；我们难过时，会有一股热意涌上心头而泪流不止。也就是说，当我们像这样感受到内心的感情之时，"喜悦""悲伤"这些词是与我们身体的感觉联系在一起的。

如果各位能够把感情看作一种生理现象，就一定能够理解我接下来所说的内容。

如果在孩子想小便的时候对他说："忍着！"会怎么样呢？会憋出病的吧。

在孩子哭的时候要是对他说："不许哭！"又会怎么样呢？一样会憋出病。

感情的流露和尿意的产生一样，都是生理现象，因此如果阻止了孩子的感情流露，就会和憋尿一样，把孩子憋出病。

优太妈妈："诶，这可不好。我们家优太也会生病吗？我每天都冲着他嚷嚷'不许哭'呢。"

步美爸爸："我们家也是啊。孩子一哭，内人就会陷入慌乱，而我会生气地大声冲她喊，'别哭了'。现在改正会不会已经为时已晚？"

不管爸爸妈妈怎么训斥孩子、不许他们哭，如果呵斥不起效的话，那就没什么好担心的。请回想一下刚刚说到的"不顾他人感受"的能量。就算孩子被父母训斥，也不会考虑父母的感受，仍旧放声大哭的话，说明孩子充满了"生存的力量"。

不过这种情况下，被不听话的孩子惹怒的父母，可能会引发其他的恶性循环。

如果能在孩子哭泣时心怀从容，孩子说不定反而就不会哭了。

优太妈妈："您又让我大开眼界啊。这样想的话，优太真是充满了'生存的力量'呢。正如您说的那样，因为我的怒吼，优太反而哭得更凶了，的确存在这样的恶性循环。我要是能从容一点就好了！"

步美爸爸："哎呀，我们就要担心了。步美基本上都是很乖巧听话的，被我吼上一句，她立马就不哭了。不过，她的眼神是飘忽不定的。我觉得她是一个听话的乖孩子，不过这反倒让人不安啊。从她眼神游离的样子就能看出她在害怕……"

步美妈妈："啊！这可怎么办呀！"

孩子的性格是与生俱来的，所以会有像优太这样坚强的孩子，也会有像步美那样感情细腻的孩子。这就是个性，不管哪种个性都是十分美好的。

感情细腻的孩子善于理解什么是父母所盼望的，容易成长为能够回应父母期待的"好孩子"，所以父母有可能会缺乏警惕。因为孩子能察觉父母的感受，所以"不需要父母操心"，这样的孩子小时候不怎么需要父母的操劳，相应地，父母就容易疏忽大意。

因此，面对感情细腻的孩子，就更要观察他有没有因为特别在意父母的感受，从而抑制内心的愤怒、悲伤和不安等负面情绪。

因为内心坚强的孩子比较不在乎给父母添麻烦，所以对父母而言他是一个"让人操心的孩子"。就像优太妈妈刚刚说的那样，很容易陷入越骂孩子，孩子就哭得越凶；孩子哭得越凶，家长就骂得越凶的恶性循环之中。

所以当您的孩子是这种情况的时候，希望您能在心里默念："孩子不怕给父母添麻烦证明，他有生存的力量。"并且要保持镇定。

在你发现育儿方法有错误的时候，改正是来得及的。父母和孩子之间的羁绊是十分牢固的。当你想为孩子做出改变时，这份心意也能传达给孩子。

实际上就算孩子长大了，等你注意到问题的出现，再进行纠正也是来得及的。我在第 4 章里会提到，通过克服这样的挫折，父母与孩子的关系将得到构筑，并更加充实。

不过，当然还是在孩子年龄尚小的时候纠正，对双方更有利。因为在孩子还小的时候，父母之力还足以帮助孩子，但是等孩子到了高中之后，父母能够援助孩子的地方就会变少。

步美和优太只是 3 岁的小朋友，所以现在只要"在孩子哭的时候能抱抱他"就没问题了。

3. 如何把孩子培养成能够控制愤怒、悲伤、不安等负面情绪的人

接下来，就让我来说明一下"在孩子哭的时候抱抱孩子"为何如此重要。

婴儿学习说话的时候，是怎样记住一个又一个的词语的？

很多孩子最早记住的都是像"妈妈""饭饭"这样表示母亲或食物的词汇吧。这些是他们最想要的东西，小孩把自己想要的"物"和"物的名字"——对应，来记住一个又一个的单词。他们通过获得诸如香蕉、电视、花朵、椅子、桌子等"物的名字"来增加自己的词汇量。

但是"开心""悲伤""寂寞"等表示感情的词汇没有与其相对应的"物"的名字。没有相对应的"物"，孩子要如何

记住这些表示感情的词汇呢？

如果让步美坐上秋千从后面推她的话，她会开心得哇哇大叫吧。迎面吹来的风令她感到十分舒适，天空仿佛在摇晃，这样飘飘然的感觉让她十分高兴。这时，爸爸和妈妈应该都会自然而然地对她说"好开心""真好玩"吧。

此时就会自然而然地产生一种相互作用——爸爸妈妈自然地感受到在步美身体里流淌着的喜悦的能量，并以具体的词汇作为答复。在这个过程中，孩子们也能学着把自己身体里流淌着的能量和"开心"这样的词汇联系在一起。

也就是说，身体感觉是"物"，"开心"则是"物的名字"。所以，要想学会表达感情的词汇，和大人之间的相互交流是必不可少的。虽然说，情感只不过是身体中流淌着的混沌能量，但是当它和语言结合后，就能够将其意义传达给他人。这个过程叫作"感情的社会化"。只要在社会化的人类之间使用"开心"这个词，就能够推测出"开心"这个感情所表达的身体感觉。

借此人类之间才能够产生共鸣。

所以当步美从幼儿园回到家后，她可以通过对妈妈说"步美在幼儿园很开心"来向妈妈表达她离开妈妈期间体会到的身体感觉。妈妈也能够借此了解步美在幼儿园获得了怎样的体验。

所以"感情的社会化"是将自身的感情传达给他人的力量的基础。

孩子进入青春期之后就能够初次体会到恋爱的感情。试着回想自己的初恋，你说不定能对感情的社会化有更深的理解。

虽然不清楚为什么，但总是很在意那个人，眼神相遇时，胸口会感到些许疼痛，产生这样的身体感觉时，正是我们恍然大悟的时候——"这就是恋爱啊！"的瞬间。这种难受的身体感觉和"恋爱"这个词语结合后，我们便能够和朋友共享恋爱话题了。

身体感觉和语言相结合，再借助语言与他人共享这种感情，这就是感情的社会化过程。

我认为开心、高兴等正面感情的社会化从古至今都极为自然地进行着。通过育儿时无意识的相互交流，孩子的正面感情会自然而然地开始社会化。

　　但是，生气、悲伤、寂寞、不安和憎恨等负面感情的社会化则难以自然进行。而孩子们的感情成长陷入危机的原因也正潜伏于此。

　　假设优太正全心全力地在沙滩上搭建隧道，他默默地挖着坑，不亦乐乎。正当他玩到忘我的时候，稍微年长一些的哥哥走了过来，强行借走了他的铲子，优太会有什么反应？

　　优太妈妈："这可不得了呀。他应该会'哇'地哭出来，然后把沙子撒得到处都是吧。"

　　没错。3岁的优太精力旺盛，他会有这种反应也是理所应当的。因为此前的开心能量会全部倒流回去，大量不愉快的感情一口气涌入到身体之中。

　　家长们看到这样的优太，心中会想些什么呢？

优太妈妈："哎呀，虽然我也知道铲子被抢走了，他心里不好受，但是还是会觉得'他要是能忍住就好了'。"

优太爸爸："虽然我也觉得男孩子差不多都是那样的，不过说实话，还是希望他能够'适可而止'啊。"

原来如此。家长们总是会把"才３岁"想成"都３岁了"，认为忍耐是理所当然的呢。不过，这一做法是由于家长急着要把子女培养成"好孩子"。

优太妈妈："我果然还是太在意旁人的目光了吧？看到自家孩子被抢了个铲子就这样哭闹，就觉得怪不好意思的……"

会这样想的话，您可能在某些方面把３岁孩子和自己放在同一高度上了。这个时候你需要对３岁的孩子说："真不甘心呀""铲子被抢走的滋味不好受吧？"

请回想起刚刚提到的感情的社会化。铲子被抢走，原本开心的感情倒流，不愉快的感情一口气地涌入身体中时，孩子完全不知道自己的身体里究竟发生着什么，只会被不愉快的感情所支配，陷入混乱之中。

此时，父母要好好体会孩子的感受，并用恰当的"语言"来给这个感受命名，这样孩子才能用"语言"替代自己的感情。

这个时候如果被训斥"区区小事不许哭"，孩子虽然会为了让父母接受自己尝试着停止哭泣，但是身体中逆流而来的不愉快的感情能量会混沌地停留在体内。

孩子会哭泣、愤怒、难过，都是极为正常的，而这些感情的流露如果总是不被允许，孩子就会错失把负面感情社会化的机会。

实际上，如果父母能用与孩子感情相对应的词语进行附和，孩子冷静下来的速度反而快得令人不可思议。

优太妈妈："啊——我有点明白了。那个我也懂啊，前一段时间正好发生了这样的事。因为孩子镇静得太快反倒叫我吃了一惊。进公园的时候，我的口袋里只装了一颗糖。优太一般会吵着要更多糖果，所以我会事先告诉他'只有一个哦'，然后把糖放到他嘴里。不过他荡秋千时太用力了，糖不小心从嘴里溜了出来。他哇哇地哭着向我走来，我和他说：'不是跟你说了只有一个了吗！'这下可好，他哭得更厉害了。不过那个时候我冷静下来，对他说：'糖掉了真可惜哦，我刚刚要是这么说就好了。'说罢又给他擦了擦眼泪，他立马就'嗯'地点了点头，然后重新坐上了秋千，心情也变好了，原来就是这样啊。"

没错没错，优太妈妈真棒，就是这样。

孩子呢，在心里充满无法言状的感情而陷入恐慌时就会哭，但如果有人告诉他与这个感情相对应的词语是什么，他很快就能冷静下来。

与此同时，孩子还在学习表达自己感情的方法呢。

优太妈妈："因为怕孩子哭，所以特地提前告诉他'糖只有一个'。可是我担心的事情终究还是发生了……在那样的情况下，我这个当妈妈的光是整理自己的情绪就已经够头疼了，所以'不是跟你说了只有一个吗！'这样的话不禁脱口而出。要是多考虑一点优太的感受，应该就能够自然而然地说出'好可惜哦'这样的话了。"

确实如此啊。如果我们能在教育小孩的时候，多把心思放在体会孩子的感情上，这样的教育应该会更让人快乐。

优太妈妈："要把心思放在体会孩子的感情上吗？说的是呀！意思就是要重视优太的感受吧。今天早上，我还没晒好衣服他就等不及了，边哭边吵着说要早点去公园，我不禁冲他吼道：'妈妈都跟你说了让你再等等，你为什么等不了呢？'这个时候优太的感情又是怎样的呢？是不是想着'好想去，好想去''等不及了'，明明迫不及待地想去公园却不得不等我晒好衣服才能去，心里一定十分焦躁呢……"

"没错。这个时候优太内心应该是很不耐烦的。现在您想怎么才能开导他？"

优太妈妈："嗯——。我应该会说：'优太是不是等得不耐烦了呢……能等妈妈等这么久很棒哦。'"

如果能这么说了，育儿应该会变得很快乐吧。如果能编一首"不耐烦超人来啦"的歌唱给优太听的话，让他知道迫不及待想要出去玩的焦躁心情，证明了他其实"充满了生存的力量"，优太说不定还会跟着一起唱呢。

像焦虑、不耐烦这样的消极感情如果得到了妈妈的支撑，也会变成安全的、可以抱在怀里的感情。所谓的拥抱还包括了这一层意思。如果被温暖而柔和的氛围所笼罩着，孩子就能够体会到自己的感情被人抱在怀里的感受。

优太爸爸："我就太差了，因为自己觉得麻烦，所以基本上都是对孩子不管不顾。从这点上看，我也是以自己的感情为中心，可能丝毫没有注意到孩子的感受。我得好好反省。"

当孩子的身体被不愉快的情感所支配陷入恐慌时，可能会哭、会生气、会闹别扭、会无精打采，这些时候孩子们应该会感觉自己被暴露在危险之中。

此时，爸爸妈妈如果能用大大的身体来包裹住自己，即便暴露在消极感情的危险环境中，孩子也能够体会到安心感。所以就算愤怒、憎恶、悲伤等感情溢出了，也可以让这些感情进化为安全的感情。正因为如此，我才会让各位家长在孩子哭的时候要抱抱孩子。

愤怒、憎恨等消极感情完全暴露出来的时候，是非常危险的。但是来自父母的拥抱可以让孩子获得安心感、安全感，把这些消极的感情再次包裹起来。这样一来，就算孩子有负面情绪也能安全地把控这种情绪。

孩子内心充满不愉快的感情，又是哭又是闹别扭的时候，如果家长对其放任不管，他们就会自行脱离这样的危险状况。这样做虽然能锻炼孩子的坚强意志，但是不得不独自解决问题的孩子会进入斗争模式，总是一边"战斗"一边生活。

年幼的孩子为了保护自己，经常极具攻击性，蛮横无理，因此又会被父母所训斥，被贴上"坏孩子""没出息的孩子"

的标签，实在是太可怜了。所以要想培养出一个懂得体贴人的孩子，从小就要将他保护好。

为防各位误解，我再多说一句，这并不意味着要时时刻刻抱紧孩子。"拥抱"是有着比喻性含义的概念。孩子兴奋时受到刺激，他会更加兴奋，这种时候我们需要稍微跟孩子拉开一些距离。

但是这个时候你是可以在一旁以温暖的心情守护着孩子的，这便是"拥抱"的比喻性含义。也就是说，表面上不理孩子，实际上不断地观察孩子的状况，寻找能够拥抱他的时机。不过，如果父母自己也被孩子惹生气了，对孩子不管也不顾，孩子便无法获得安全感，无法安全地承受住愤怒、憎恨和悲伤等负面感情了。

步美妈妈："这是怎样一种状态呢？步美被批评以后，眼神就会飘忽不定的，让人觉得她好像也无法安全地承受住这些感情……"

孩子无法安全地承受愤怒、憎恨、悲伤等负面感情，会出现轻微到严重等多种状况。步美现在 3 岁，只要改一改对待她的方式，问题马上就能得到改善。但如果一直得不到改善，等她进入青春期之时，就会产生许多危险的问题。

如上文所讲，当孩子被愤怒、憎恨、悲伤、不安、恐怖等负面的、不愉快的感情支配的时候，他也能感受到自己正处在危险状态之中。

请爸爸妈妈们也回想一下自己的童年。年幼时发生的事情，日后回想起来的时候可能没什么大不了的，但是事情发生的当下，你是否感到担心和害怕？比如，晚上如果不开灯就不敢去上厕所；再比如，把外面的风吹草动当作是妖魔在作怪。孩子所感受到的世界远比大人的世界奇妙多彩、细腻、敏感，也更加脆弱。

对父母来说可能微不足道的小事，却很容易让孩子感到恐惧不安。这说明，如果没有恰当的帮助，孩子的内心是很容易受到伤害的。

那么孩子的心灵受到伤害又意味着什么呢？请把它当成是一种由大脑引起的防卫反应。人在面临危险时，会本能地选择保护自己，孩子的内心也一样。这就是防卫反应。

年幼的孩子面对愤怒、悲伤、恐惧、不安等强烈的感情时，身体会发出危险讯号，防卫本能便会自然地启动。具体的防御方法是"屏蔽感受"或"封印感受"。

在下一章我会更详细地提到这一点。感觉到危险时，人类有着屏蔽这些危险感情的能力，年幼的孩子则尤为在行。

孩子的负面感情如果没有得到社会化，他将不会知困扰自己的究竟是怎样的感情，只会觉得这是一团乱糟糟的不愉快的能量集合体。对于陷入这种状态的孩子来说，要想回避自身的危险，"屏蔽感受"和"封印感受"这样的防御功能是十分便利的。

与此同时，"封印感受"也等于是回应了父母"希望孩子不哭""希望孩子不闹脾气""希望孩子不要生气"的愿望和期待，所以孩子很容易选择这样的防御。

像这样为了逃避负面情绪而发动自身防御的孩子就会出现目光飘忽不定的反应。在这层意义上，"目光闪烁"其实是孩子表达"不要再骂我了""让我哭个够吧"的信号。

步美妈妈："果然是这样啊，该怎么办才好……"

步美爸爸："嗯——责任在我，我从没想过让孩子哭竟然有这么重要。"

请允许我反复强调一下，从现在开始改正，也是来得及的。爸爸妈妈只要试着改变就好，因为孩子会告诉我们应该怎么做。打从一开始就不存在完美的孩子。父母们也不用想着自己要做一个完美的家长，孩子会告诉我们应该如何做一个家长，家长跟着孩子一起成长，这才是真正的亲子关系。我们要从孩子身上学习。

也就是说，孩子发现自己的身体感觉存在危险时，就会把自己的感情封印起来，阻断自己的感受。结果就会导致越来越多的负面情绪得不到社会化，孩子也就无法安全地承受住类似愤怒、悲伤、不安、恐惧和憎恨等负面感情。

而这也是家长会认为孩子们所感受到的"危险"对自己而言不过是微不足道的小事的原因。

步美妈妈："但是，如果孩子这么容易受伤，我要怎么保护她呢，真叫人放不下心啊。'

话虽如此，也不必搞得太紧张。

因为只要在孩子哭的时候抱抱他就好了。确实，可能导致孩子受伤的原因数不胜数，孩子自身的感受能力和天性的不同，对事物的感受方式也各不相同。如果孩子能够随着自己的性子想哭便"哭"出来，我们也能够很快地搞清楚他的问题。

这个时候，如果父母能给孩子一个拥抱，哪怕孩子感到恐惧，也会被爸爸妈妈的拥抱带来的巨大的安全感包围。他们能够了解到，就算感到恐惧，只要有了爸爸妈妈的拥抱，自己就是安全的。孩子就是这样一点一点坚强起来的。

步美妈妈："原来是这样，也就是说，在孩子哭的时候抱抱她是很重要的吧。我明白了。先让她能够无拘无束地哭出来才行，这样对吧？唉，道理我都懂了，就是不知道能不能做到呀……"

步美爸爸："我也明白了。不过，这样看的话，我们小时候受到的教育又要怎么解释呢？我可是从小被揍到大的呀。确实，我渐渐都不会感到害怕了。"

4. 超越辈分的痛苦连锁

在这里，我想谈一谈父母自身受到的教育以及育儿的本质。有很多家长像步美爸爸一样，从小被父母揍到大，所以认为打孩子在育儿时多少是有必要的。家长以为"不打孩子就等于没教育好孩子"，殊不知这样做是无法让孩子健康成长的。

而且，就像步美爸爸说的那样，如果家长本身渐渐地感受不到恐惧和不安了，实际是很难理解孩子接受负面感情的重要性的。

步美爸爸："确实如此。这一路听下来，我感觉我的人生都要被否定了。我一直认为家父是很了不起的人，因此觉得他打我也是天经地义的。有时候确实也会感到生气和难过，可我选择无视这些感情，一直肯定着父亲的做法。事到如今，你告诉我孩子要哭才是好的，我这心里也是五味杂陈啊。"

男孩们常常会以父亲为模板，学习他身上的"男性特性"，尤其是在青春期由男孩成长为男人时。有时候，男孩们还会因为逆反心理把父亲当成反面模板。

挨打长大的男孩肯定会暴力。在教育自己的孩子的时候，他们会重复自己以前所受到过的打骂教育，这在现实中经常发生。电视和报纸上也有"打孩子是为了教好他"的评论，同时还经常出现孩子被虐待致死的新闻，这些事的诱因之一，就是打骂教育。

被虐待大的孩子很可能会虐待自己的孩子，这一现象可以用世代间的连锁关系来解释。世代间的连锁关系指的是，一个人小时候和父母建立起的关系，会在他与自己的孩子之间重现。这种世代间的连锁关系不仅存在于虐待之中，在极为普通的育儿日常中也有大量案例。

刚开始，对育儿方法一窍不通是很正常的。那为什么我们还能养育孩子？因为在我们的身体接连完成了从受孕、怀孕到分娩的工作时，我们的大脑也做好了当妈妈的准备。

这个准备指的是，我们会把多年前的记忆从长期记忆的仓库中取出来。这些记忆包括刚出生时的记忆，长大一点后的记忆，以及到成年为止的记忆。借此，我们才能够"自然地""本能地"养育孩子。

这种情况还出现在猴子之类的哺乳动物身上。我经常能在电视上看到，刚出生时没有立刻得到母亲的照顾的动物不懂得养育孩子，不得不让饲养员承担养育的责任。

为了养育孩子提取出来的记忆记载了自己受到的教育，如果这份记忆不那么幸福，非但不会对育儿起到帮助，反而会引起各种混乱。

记忆不仅仅是自己能够意识到的回忆，还包括学会说话之前的婴幼儿时期的身体感觉。所以在婴幼儿时期经历了强烈的不安和恐惧的人，听到了出生后的宝宝的哭泣声后也会感到害怕，从而陷入育儿的窘境。

如果对此完全不知情的话，可能还会被当作是"连孩子都养不了的绝情的母亲"，实际上，这也是某些案例中妈妈虐待儿童的原因。

孩子出生之后，家长能够清晰地回想起自己年幼时的记忆，自然地按照母亲照顾自己的方法来照顾孩子。在现代社会，育儿杂志受到了人们的重视，被这些知识摆弄的家长反而会感到更加不安。

孩子 3 岁了，自己 3 岁的记忆也变得特别清楚；孩子上了幼儿园，自己上幼儿园时的记忆也仿佛历历在目，我们就是通过唤醒这些沉睡的记忆来养育孩子的。

步美妈妈："我也经常想起自己 3 岁时候的事，总是会想：'母亲当年是怎么做的呢？'我的母亲说我是一个爱哭的孩子，也因此挨了不少骂。我们家是三姐妹，母亲总是拿我和姐姐作比较，说姐姐不怎么哭，我却动不动就哭。记忆中我总是挨母亲的骂。不知是不是因为母亲照顾刚出生的妹妹比较辛苦，当时我只要一哭就少不了挨一顿骂……当然也挨过揍。"

"您那个时候其实是希望母亲怎样做的呢？是不是虽然想让母亲抱抱自己，但考虑到她已经抱着妹妹了，就只好忍着不说了呢？3岁时的您是不是想要大声对妈妈说，'妈妈我好寂寞呀''妈妈我好不安呀''妈妈抱抱我'呢？"

步美妈妈："（擦了擦眼泪）应该是这样的吧。现在回想起来我真的好可怜。其实我是不是没必要那样强忍着，该跟妈妈撒撒娇呢。我终于知道自己为什么怕步美哭了。我这是下意识地回想起自己以前因为哭鼻子而被母亲训斥的经历了啊！那时候的感觉还记忆犹新。所以我其实不是怕步美哭，而是害怕面对自己儿时的记忆。现在我彻底明白了。"

这些事许多家长都经历过。只要知道了这一点，就能够从容地面对孩子。

"因为步美也和您小时候一样，正在传达着'寂寞''不安'‘抱抱我’的讯息。您只要回应她的心情就好了。"

步美妈妈："我觉得我应该做得到。我渐渐感觉，就算步美哭泣，我也不再会害怕。"

步美爸爸："幸亏步美是个女孩子！如果步美是男孩子的话，我可能会毫不犹豫地对她动手。步美很怕我，我虽然觉得这样做不太好，却不知道该怎么管教她，结果一着急，就下定决心要当个严父，也因此陷入恶性循环。按照我刚才的说法，好像我从小被打到大却没受到什么负面影响。但实际上，我特别容易生气，尤其会对父母动怒。事后我都不记得自己当时是怎么发火的了……虽然我一直坚信父亲是正确的，也因此忽视了不少感情，长大之后就变得特别容易生气了。"

步美妈妈："对对对，你有时候发起火来不得了呢。其实那些都是在释放从小到大一直积攒着的怒火吧？如果有什么不开心的事就跟我说呀，我会好好安慰你的。"

没错，哪怕有些事情在原生家庭中无法得到满足，也不意味着这辈子都这样了。通过和别人建立起某种互补的关系，人们可以找到精神上的慰藉。从这一点来看，夫妇或情侣能够接受对方不被他人认同的负面感情，对双方来说都是一种救赎。

养育孩子的同时，自己儿时的记忆之门也渐渐开启，让我们获得教育孩子的能力。然而有时候，这种记忆会让我们朝着错误的方向前进，这就是育儿的困难所在。

优太妈妈："小时候我特别讨厌妈妈对我的干涉，可我现在却对优太做着同样的事，这使我陷入巨大的自我厌恶中。但是，听您说我们教育孩子时会自然而然地回想起自己之前受过的教育，不知为什么就放心了许多，原来这不是我的错，全天下的父母都是这样的。一开始，我还认为我是个不称职的妈妈，所以才总是忍不住要训斥孩子。我的母亲3岁时遭遇空袭，大火把房子烧了个精光，让她无家可归。战争结束后，她在悲痛中艰苦地长大成人。所以她总是说她一定不会让自己的孩子受苦，而且在我的成长过程中对我百般干涉。现在我有点懂得她的心情了。其实没有谁对谁错，我一直以为是自己还不够努力，但事实并非如此。一想到这里，我就感觉自己能够对优太更温柔一些了。"

优太爸爸："原来如此。我打小就是被放养着长大的，也没觉得有什么不好，不过其实还是有点寂寞的吧。因为我知道父母在辛辛苦苦地工作挣钱，所以选择忽视自己的感情，并认为父母对我的放养是正确的。因为如果不这样做的话，我就不知该如何是好了。但是，仔细想想，现在我有了妻子，有了优太，有了自己的家庭，我已经不再寂寞了。身为父亲，我的职责就是保护好家人。所谓的放养式教育不过是逃避责任罢了，这说明我作为家长的思想觉悟还不够啊。"

父母也会和孩子一起成长，因为从一开始就不存在完美的父母。在孩子惹下的一个又一个的麻烦中不断学习，是成为父母的一个重要过程。

父母在孩子身上追求完美是十分危险的。同理，如果父母觉得自己也必须是完美的，那么就很容易被逼上绝路，无论做什么都应该适可而止。

如果父母能够灵活地学习各种知识，就一定可以慢慢和孩子相互理解。

第 2 章

孩子的"心理问题"是怎样
产生的?

1. 大脑的作用与内心

各位觉得人心长在哪里？

优太妈妈："在胸口这一块儿吧？"

步美妈妈："我也觉得在胸口这里，还是说在大脑那边？"

一般来说，更多人会觉得心在胸口或是心脏附近吧？因为当我们难过、痛苦的时候，胸口都会传来撕裂般的疼痛。

不过这样的身体感觉也是由大脑引起的。其实所谓的心的位置的想法来源于"大脑的作用"。所谓"感情的成长"，也离不开大脑的作用。

优太妈妈："感情还和大脑有关系吗？一提到大脑作用，我就感觉是在讨论如何让脑袋变得更聪明。"

大脑是处理信息的器官。我们看到的、听到的、感受到的都是一种"信息"，大脑则负责处理这些信息。

　　虽然爸爸妈妈们普遍认为，"大脑"和所谓的"学习"有着密切的联系，但"学习"其实是大脑的新皮质的职责，不过是大脑作用中的一部分罢了。

　　比方说，当步美看到了闪电，会有怎样的反应呢？

　　步美妈妈："应该会说着'怕怕！'然后紧抱着我不放。这时候我只要对她说：'打雷好可怕哦，不过只要我们待在家里，就不用害怕哟。'然后抱抱她，过了一会儿她就会一脸好奇地凝视天空，一看到闪电就叫道：'又来了！又来了！'又害怕又想看呢。"

　　在这样的日常对话中，大脑也在发挥着它信息处理的功能。那么这个信息处理究竟是怎样完成的呢？下面就让我来说明一下。

　　首先进入步美大脑里的，是诸如雷声或闪电这样听到的或看到的"信息"。这些信息被大脑处理后，大脑的边缘系统会形成恐惧的感情，驱使步美向妈妈求助。

这时妈妈的行动和语言则会成为新的"信息"。"打雷好可怕哦，不过只要我们待在家里，就不用害怕"这个信息随着妈妈的笑脸和温柔的声音一起传入大脑，随后在孩子的大脑中会产生一种"安心感"。这时步美大脑的信息处理过程为："打雷→害怕→安心"。

也就是说，孩子的感情是在处理信息（某件事本身传递的信息以及大人传递给孩子的信息）的过程中产生的。

由于这样的亲子交流起到了向大脑传递信息的作用，所以它对孩子的感情发育有着重要的影响。

步美在妈妈的怀抱中逐渐安心，她那副既害怕又好奇的神情告诉我们，当孩子获得安心感之后，会对外界更加好奇，而这有利于新知识的获得。也就是说，要想让孩子学习知识，给予他"安心感"和"安全感"是十分重要的。

步美妈妈："我们不经意的时候，原来发生了这么厉害的事！照这么说，大脑每天都在处理着大量的信息啊，真叫人吃惊。"

把"感情的成长"看作是大脑的信息处理过程，就能够知道究竟什么对孩子的感情成长比较重要。

在安心感、安全感中长大的孩子，面对挫折也能有强大的、坚强的意志，只有这样的孩子才会成长为对他人温柔、体贴的大人。

这里所说的"强大的、坚强的意志"不是像玻璃珠那样会"啪"地碎开的坚硬的东西，而是像橡皮球那样会弹来弹去的柔软而又"顽强"的东西。

而这种强大的、坚强的意志的培养，与面对"危机状况"时的大脑的信息处理作用有关。

2."弱小而脆弱"与"强大而坚强"

　　面对"危机",有三种不同风格的原始防御方法,即战斗、逃跑和僵化(装死)。因为是原始的防御手段,所以在虫和动物之间也是通用的。

　　比如说,像螳螂一样勇猛地冲向敌人的行为是"战斗"防御;像蜥蜴一样瞬间消失得无影无踪的行为是"逃跑"防御;像西瓜虫一样在受到惊吓后缩成一团一动不动的行为则是"僵化"防御。

　　基于物种特性,昆虫或其他动物采取的防御手段可能是固定的,但人类的小孩不一样。有的孩子会奋起战斗,有的孩子会选择逃跑,还有一些会出现僵化的情况,每种防御手段都有可能。

原始防御是在大脑的信息处理的过程中产生的。也就是说，当大脑感受到危险信号，大脑会发出自保的指令，采取相应的行动。长大以后，人们可以通过"非原始"的防御手段来保护自己，但是对于孩子的大脑而言，"原始"防御的产生是信息处理的自然过程。

采取"战斗"防御手段的孩子会变得"具有攻击性"；采取"逃跑"防御手段的孩子变得"不安分"；采取"僵化"防御手段的孩子会"通过封印自己的感情来适应环境"。所谓的"僵化"指的是让身体中流动的不愉快的感情全都凝固起来。

具有攻击性的和不安分的孩子，因为行动惹人注目，他们的问题很快会被家长发现。而通过封印自身感情来适应环境的孩子，直到进入青春期，问题浮出水面，才会被家长注意到。在此之前，他们都被看作不会给大人添麻烦的"好孩子"。

关于这种"通过封印自身感情来适应环境的孩子"，我之后会进行详细阐述。

这些反应只不过是原始防御，所以通过这种形式来保护自己的孩子是十分脆弱的。具有攻击型的孩子乍一看十分强势，但这种反应正说明了他内心的弱小。

请想象一下被逼上绝路的小老虎咬牙切齿地对着敌人吼叫的样子。弱小的孩子不得不靠自身的力量来保护自己，他就会变得极具攻击性。

那么，怎么样才能培养出不惧挫折的坚强的孩子呢？

首先，当孩子产生恐惧、悲伤这样的强烈感情时，要让孩子尽情地哭泣、生气、害怕，要保证孩子自由地表达自己的真情实感。父母需要接受这一切反应。

当孩子陷入"危机"时，只有一部分哺乳类动物和人类才知道要保护自己的孩子。受到大人保护的孩子，不需要发动原始防御手段也能确保自身安全。

所以，当孩子总是要靠"战斗""逃跑""僵化"这样原始的防御手段来保护自己的时候，就说明大人没能够保护好自己的孩子。孩子面对危机时，如果能自由地表达感情，能得到父母的拥抱，像"恐惧""悲伤"这样强烈的负面感情也能够被父母所带来的安心感、安全感所包围，从而转化成安全的感情。

这样长大的孩子，哪怕将来遇到了挫折，面临危险，也能够自发地找到属于自己的安全感，安全地控制内心的负面感情。

这就是不惧挫折的坚强的孩子。孩子是在进入青春期之后才慢慢坚强起来的。当孩子还在上小学时，父母必须让他们尽情地当胆小鬼、爱哭鬼，让他们尽情地撒娇才行。

那么，对小孩而言，"危机"又意味着什么呢？

首先，会威胁到生命的事件当然算是"危机"。诸如自然灾害、恐怖袭击、战争、交通事故和遭遇犯罪，这对大人和小孩而言都是十分重大的危机。但有一点很容易被人忽视，是刚出生的孩子面临着介于生死之间的疾病或手术，对孩子而言也是重大的"危机"。面对这种危机，孩子们都是以"战斗""逃跑""僵化"这样原始的防御手段进行处理的。

　　遭遇交通事故不得不接受治疗的孩子可能会四处奔逃，拒绝治疗，甚至攻击护士。很多人可能并不理解，这些其实是孩子在恐惧的状态下做出的原始防御反应。这种不愿意接受治疗的孩子，我们很可能会斥责他是一个"不懂得忍耐的孩子"。但是，孩子这时候其实非常害怕，大脑早就乱成一团了。

　　但是，孩子面临的"危机"很难被家长全部看在眼里。人类的孩子刚出生时如果没有大人的保护就无法生存下去，大脑的完全发育需要再耗费一年左右的时间，成为一个具有生殖能力的大人则需要15年，成为社会意义上的成年人则需要20年。所以孩子们其实尚处在一个远未成熟的状态中，很容易就会陷入"危机"之中。

　　当孩子感受到"恐惧、悲伤"这样强烈的感情时，其实就已经陷入"危机"之中了。如上文所述，遭遇自然灾害、恐怖袭击、战争、交通事故、犯罪、疾病、手术的时候，是一定会导致孩子产生"恐惧和悲伤"这样的强烈感情的。

但是实际上，日常生活中还潜伏着许多让孩子不得不发动原始防御手段的"危机"。

比方说，明明想要全心全力地好好教育孩子，却总是会因为怒火中烧，进而发展成对孩子的虐待。再比如，夫妇之间因为不和导致暴力，如果家庭中充斥着暴力，就会唤起孩子"恐惧、悲伤"的强烈感情，这时的孩子也处于"危机"之中。

同时，当父母自己患上严重疾病或是遭遇裁员的时候，抑或是需要照顾爷爷奶奶的时候，明明自己为了生活拼尽了全力，却要被蛮不讲理的现实所折磨，这时孩子也会产生"恐惧、悲伤"的强烈感情。但是，这种时候孩子为了不让自己心爱的父母担心，大多都会选择封印自己的感情，做一个"乖孩子"。

孩子们会感受到愤怒、憎恨、悲伤、不安等负面感情，这是正常的生理现象。这时候父母如果能够察觉孩子的心情，用言语表达出来，并且给予孩子一个拥抱的话，这样负面的、不愉快的感情也会变得安全起来。这便是我在第 1 章所提到的，负面感情的社会化。

孩子的成长过程中，假如无法通过和父母的日常交流把自己的负面感情社会化，那么在他遇到使自己感到"恐惧、悲伤"的危机时，将会不知道如何现实地处理这些感情。这就意味着孩子会养成通过封印自己的感情来保护自己的习惯，更专业地说，就是通过解离的方式来适应环境。

比方说，当孩子看到电闪雷鸣，喊着"好害怕"紧紧抱住母亲的时候，如果母亲对他说："这雷离我们这么远有什么好怕的！"孩子虽然会停止哭泣，但"恐惧"的感情只是被孩子封印起来罢了。此时这个孩子的大脑信息处理过程是"打雷→害怕→封印（封印感情 = 通过解离的方式适应环境）"。多次重复类似的对话，负面感情将无法社会化，就会导致哪怕是日常发生的小事，也很容易给孩子带来心理创伤。

优太妈妈："也就是说，让孩子哭是很重要的，对吧？我明白了。如果得不到父母的保护，哪怕是很小的问题也会被孩子当成天大的危机，这个时候孩子就会选择战斗啊、逃跑啊、僵化之类的原始防御手段吧。也就是说，孩子使用原始的防御手段保护自己的原因有许多种，可能是因为孩子受到虐待，或者因为存在家庭暴力（夫妇间的暴力）；可能是因为家人遭遇了无法避免的不幸事故；还可能是因为父母总要求孩子做一个'乖孩子'而不愿意接受孩子的负面情感。在这些情况下，父母其实没有尽好自己保护孩子的职责，没错吧？"

步美妈妈："这样看的话，我们可能会因为现在的物质生活比我们小时候更好，所以误以为孩子们一定受到了比我们小时候更好的保护，但其实我们也有一些疏忽的地方。步美一哭，我甚至会感到害怕，像我这样的妈妈根本没保护好孩子啊……看来我也还远不够成熟啊！"

这就是为什么越来越多家庭的父母明明很爱孩子，在育儿这方面下尽了功夫，却总不见孩子成长。

3. 创伤体验和自发性恢复

创伤体验，即心理创伤的体验，具体的是那些会让孩子感到"危险"的事情。

"伤心"意味着在大脑的信息处理过程中发生了某些异常。也就是说，心理创伤（心理阴影）是围绕着大脑记忆产生的信息处理过程中发生的问题。

弱小而又脆弱的孩子在成长过程中会接触到各种各样的事情，心理创伤（心理阴影）难以避免。尤其是采取"僵化（封印自身感情＝以解离的方式适应环境）"这一原始防御手段来适应负面感情的孩子。这种孩子不怎么"惹祸"，总是受到父母的表扬，他们的弱小和脆弱甚至不会被父母察觉。他们在"好孩子"的标签下成长，内心却极易受伤。

在这里，我想简单介绍一下心理创伤（心理阴影）是什么。

就说一说孩子们经常遇到的由欺凌引发的心理创伤（心理阴影）吧。

健治小朋友小学二年级时受到了同学们的欺凌。整整一年，他都被同学当作"病菌"对待。有的同学不愿意接受健治端来的饭菜，有的同学不肯给健治递作业纸。每当健治的班主任发现有同学这样做，都会严厉批评他们。可是一旦没有大人的监管，同样的事情又会发生。

每天早上，健治都站在门口一动不动，满脑子都是"不想去学校，不想去学校"。但是一旦健治磨磨蹭蹭地不想去上学，爷爷与奶奶都会训斥妈妈："都怪你没管教好孩子。"健治最喜欢妈妈了，所以为了不让妈妈受到爷爷奶奶的叱责，便会笑着对妈妈说："我出发了！"然后踏上去学校的路。

等健治升到三年级，分到了其他班级，才不再被同学们欺负。然而，自从进入三年级的第二学期，一听到学校的铃声，健治便会浑身发抖，由于恐惧而导致上学成了一件很困难的事。虽然健治知道现在这个班级已经没有会欺负自己的同学了，他还是会害怕得浑身僵硬。

爷爷奶奶看到健治不敢去学校上课，又开始责怪妈妈，看到这样的景象，健治渐渐开始觉得像自己这样给妈妈添麻烦的孩子还是不要存在这个世上为好。

这种情况下，小学二年级时受到的欺凌成了孩子的心理阴影，我们可以认为这是一种创伤后应激障碍症状。我想说明一下这里所说的"心理阴影"究竟意味着什么。

人的记忆由 5 种要素组成，分别是认知、感情、身体感觉、视觉、听觉。

像健治这种情况，"小学二年级被某某人欺负"的记忆是认知的记忆；当时"害怕、悲伤、难过、生气"的心情则是感情的记忆；一准备去学校就会"浑身发抖、心脏狂跳，紧张不已"，这属于身体感觉的记忆；遭遇欺凌时，"朋友耻笑自己、无视自己抑或是恶狠狠地盯着自己的模样"的记忆则对应视觉记忆；而"来自同学们的'病菌！'的辱骂声、窃笑声、铃声、桌子的移动声"则是听觉的记忆。

一般在记忆中，这 5 种要素相互联系形成一个整体，直接乘上大脑中的"通往长期记忆的仓库的列车"，然后作为信息受到大脑的处理。

"信息处理"意味着记忆会被当作日常感觉，被大脑自然地遗忘，然后以"过去的回忆"的形式在大脑中定型。

但是，受到打击后形成的心理创伤形成的记忆，记忆的五要素会变得分裂。一般表现为，认知的记忆虽然十分清楚，但与认知记忆一同存在的感情记忆、身体感觉的记忆、视觉记忆和听觉记忆变得零散。之所以如此，是因为大脑为了保护自己而发动了"解离防御"。

多亏了这样的防御反应，人类即使面对危险也能冷静处理。

"解离防御"也是一种能力。依靠着这种能力，健治才会"为了不让妈妈受到爷爷奶奶的叱责，笑着对妈妈说：'我出发了！'，然后继续去上学"。

但是，像这样七零八落的记忆要素无法乘上"前往长期记忆仓库的列车"（即无法被大脑所加工处理）。也就是说这些没能乘上"列车"的记忆要素的碎片无法成为"过去的记忆"，因此永远停留在"现在"。

这样一来，某些刺激就会成为"导火索"，把七零八落的记忆再次唤醒。这种现象叫作"病理性重现（flashback）"。因此，受到欺凌时经历的感情和身体感觉既是"过去"，也能在"现在"再现。这就是为什么健治虽然已经回归安全状态，对危机的恐惧感却久久无法散去。

对健治而言，铃声、朋友的视线和校门都是导火索，被欺凌时感受到的恐惧再次重现，身体也因此不由得颤抖和僵硬起来。就算健治知道现在这个班级里已经没有会欺负自己的同学了，却还是无可避免地因恐惧而不能动弹。

所谓"心理阴影"，指的就是自己受到打击的记忆无法自然地被大脑处理，"过去"的情感、身体感觉、视觉、听觉的记忆仍存在于"现在"。

步美爸爸："经常能在电视上听到心理阴影这个词，我以前还经常随口说'因为这是我的心理阴影……'之类的话，现在看来我真是完全没有理解这个词的意义啊。虽然有关大脑的话题有些难懂，不过总而言之，心理创伤是无法靠我们自己的意识来进行控制的吧。不过话又说回来，孩子们真的这么容易蒙上心理阴影吗？"

优太爸爸："果真如此的话，那还真叫人担心啊。不过，就算遭受了同样的欺凌，也不是所有人都会产生心理阴影吧？这又是为什么呢？"

确实如此。能对这种结果产生重大影响的，正是孩子与家人以及周围的其他大人之间的交流。

健治每天早上内心都会涌起一股不愿去上学的强烈感情，但孩子没办法用言语表达出自己身体里不愉快的感情，因此就会磨磨蹭蹭的。而祖父母早上看到磨磨蹭蹭的健治和母亲之间的"争执"，自然就会责怪母亲说："就是因为你没有管教好孩子，他才会磨磨蹭蹭的。"听到祖父母这样说，健治也明白是自己给母亲添了麻烦。

小孩子最喜欢的就是自己的母亲，为了母亲孩子无所不能。所以健治选择封印自己的负面感情，也就是说，他选择通过解离的方式来适应环境。

在这样的家庭关系中，健治选择了封印自己想要哭、想要生气的悲伤感情。因为这个大脑作用是由"解离"完成的，所以会导致心理创伤的产生。

所以，如果健治早上能够把心里所想的都说出来，让妈妈抱抱自己，就不会产生心理阴影了。不过'在欺凌'结束之前，他可能都不会去学校上课……

优太妈妈："诶？所以在受到欺凌的时候都不能去学校了，是这个意思吗？"

关于欺凌，我之后会再做详细解释，在班上发生的欺凌是全班人的问题，而负责解决这个问题的人是老师。只要老师把孩子分到没有欺凌的安全的班级里，孩子自然就能够去学校上课了。

不过，事实上就算老师拼命地想要解决这个问题，很多时候也是力不从心，从父母的保护策略来讲，要想在最大程度上减轻孩子的痛苦，还是采取最简单的方法——让孩子远离欺凌（充满危险的地方），这样也不会留下后遗症。

当然了，这并非最好的解决方法，只不过如果强行让孩子去上学反而会加深创伤，使问题更加严重。

优太妈妈："唉，现实可真残酷啊……"

步美妈妈："嗯。总而言之，父母要想保护好孩子，就要在孩子感到难受的时候，抱抱他，给予他安慰。虽然当时可能还是比较难受，但至少不会留下类似心理阴影这样的后遗症吧？"

没错。当某件事使孩子感到难过时，父母回应方式的不同（分为不让孩子哭和让孩子尽情地哭两种情况），给孩子造成的伤害也明显不同。

也就是说，家人和教师等人对这件事的评价，能够直接决定这件事的含义。孩子也通过了解大人对此事的评价和定义来形成自我认识。

如果像健治那样产生了"自己是不该活在这世上的人"的自我认识，心理阴影还将持续得更久。

"心理阴影"因记忆组织的病理性重现产生，由感情／生理反应（生理面）和人际关系中形成的自我否定的记忆（认知面）这两个侧面组成。

所以，亲子交流起着促进孩子感情成长的重要作用。

优太爸爸："我一般会让他自己反省。让孩子认为'自己有错'不是一件好事吗？"

家长们的确可能会有这种偏见。让孩子通过自省采改正行为，其实这是一项非常高难度的工作，哪怕是大人偶尔也会因为做错事而闷闷不乐，所以要让孩子通过反省来改善自己，是非常困难的。

还在成长的孩子假如对自己产生了否定的认识，对内心和情感的成长都有重大危害。

步美妈妈："话说回来，为什么健治二年级被欺负的时候都还能正常上学，换到没有欺凌现象的班级之后，反而会因为痛苦回忆的病理性重现而去不了学校呢？"

请听我解释一下什么是"心理阴影的痊愈"，听完之后相信您就能解开这个谜题了。

"心理阴影的痊愈"指的是被分割得四分五裂的记忆要素再次恢复成一个整体，从而能够乘上"通往长期记忆仓库的列车"。这样一来，过去发生的事就真的成了过去式，就能"自然地忘却"。

"自然地忘却"不意味着记忆就此消失不见，而是说伴随着记忆的痛苦能够得到缓解，渐渐成为"不重要的回忆"。被欺负时的记忆只要能变成"不重要的回忆"，当事人就会觉得"以前虽然发生了那样的事情，但现在已经没关系了"，过去的心理阴影也随之烟消云散。

但是，"心理阴影的痊愈"还意味着，为了自保而解离的感情和身体感觉也将得到整合，作为记忆重新回到我们的大脑当中。

这就意味着被欺负时的记忆将被再次唤醒。也就是说，为了让心理阴影彻底痊愈，必须再经历一次那段痛苦的回忆。

因为孩子的大脑还很灵活。通过换班远离了危机，获得了安全的环境，大脑自然会重新开始正常运作，这就是自发性恢复。也就是说，大脑借助自发性恢复，试图将分散的记忆碎片再次拼在一起。

这样一来就会像健治一样，由于病理性重现，再次出现对学校的恐惧以及身体的僵化反应。病理性重现虽然属于创伤后压力症候群的表现，却也意味着大脑正在进行自我修复。

因为在这种状态下，被欺负时所发生的事会通过健治的记忆重现，所以换句话说，这也使家长获得了重新教育孩子的机会。

优太妈妈："诶！这是什么意思？我有点搞不明白了。"

正如我刚才说过的，当健治早上磨磨蹭蹭，哭喊着"我不要去学校！我害怕！我好难受！"时，如果妈妈能给健治一个拥抱，就可以防止心理阴影产生。

过去的记忆被唤醒（病理性重现）后，三年级的健治因恐惧而动弹不得，那副样子和他二年级被欺负的样子一模一样。所谓的病理性重现，其实就是让孩子坐上时光机回到一年前，重新面对当时的事件。这个时候，家长也可以和孩子一起进行"时光旅行"，把自己以前没做好的事情弥补好。

优太妈妈："也就是说，只要对他说'你一定很害怕、很难过、很想哭吧？'然后抱紧他跟他一起哭就可以了吗？"

没错。对小孩来说，这种亲密接触带来的治愈力是最强大的。如果孩子有什么精神问题，并不是你什么都不用做，只要把他带去精神科交给医生就好。反之，如果妈妈有了抱紧孩子的觉悟，很多问题不用看医生也可以自行解决。

孩子的心理问题大多是自发性恢复造成的，它们是孩子的身体想要自愈而向大人发出的求救信号，其中蕴含着孩子强大的生存的力量。

二年级的健治知道如果自己磨磨蹭蹭，就会给妈妈添麻烦，所以会忍着恐惧和悲伤去上课。三年级的健治明知会给母亲添麻烦，却因为恐惧不愿意去学校。那么二年级的健治和三年级的健治，哪个更具有"生存的力量"呢？

请回想第 1 章中提到的"孩子不怕给他人添麻烦的能量才是生存的力量"。升到三年级后的健治不再照顾母亲的感受，而这正是"不怕给他人添麻烦"的状态。借此,孩子才能够抓住恢复和成长的机会。

现在正是因为这个"生存的力量",健治才不愿意去上学。因此我们必须给予他安全的环境。

孩子还处在成长过程中,换句话说就是一个"未完成品",所以不能按照大人的标准来衡量。

步美妈妈:"原来如此,但如果步美也变得像健治一样,我可能很难表现得这么理智……"

优太妈妈:"健治后来怎么样了?"

首先要让班主任和父母知道,因为现在的环境已经十分安全了,所以健治正在进行自发性恢复,不愿意去上学只是恢复作用的表现。此外,父母要做好思想准备,如果能无条件地包容孩子的恐惧和悲伤,孩子就能逐渐吐露出自己的心声。

健治开始主动告诉妈妈,自己在学校里有多么难过,看到妈妈被爷爷奶奶责怪的时候心理多么抗拒。妈妈听了健治的感受，决心要为了健治努力，要在爷爷奶奶面前明确表达自己的想法，也开始寻求爸爸的帮助了。

班主任清楚了健治的恐惧，为了让健治从心底里信任自己，不断地去健治家中家访。之后，健治有困难了就会主动找老师帮忙，慢慢地，健治又能重返学校了。

4. 亲子间的恶性循环与恢复力

就像上文所说的那样，在各种各样的事件与人际关系里，孩子的内心世界就像编织品一样，在岁月中被一针一线地编织出来。

体质、性格和能力不同，有的孩子天生就拥有又粗又结实的线，有的孩子则只有脆弱而纤细的线。如果能针对不同性质的线，在编织方法和力度上下功夫的话，就能编织出各种各样极具个性的图案。

心理阴影对应的是从中间断开的线或纠缠在一起的线。这种时候，如果能熟练地把线加固，一点点地复原回去的话，又能织出美丽的图案。但如果放着断开的线和缠在一起的线不管，接着往下织的话，图案上就会出现小孔或者变得坑坑洼洼的。

孩子的问题和症状其实是在向大人发出"停一停！不要再往下织了"的求助信号。因为如果就这样继续织下去的话，就算作品完成了，要不了多久也会坏掉。然而父母却没这么容易接受这件事。

　　步美妈妈："没错。我经常会想是不是我的孩子不如其他人的孩子？为什么不能像其他孩子一样能干呢？这可能会让我变得十分消沉。"

　　优太妈妈："对对对。我不仅会消沉，还会生气、焦躁，对周围的人乱发脾气呢。"

　　父母有这样的心情是极为正常的。因为重视孩子，所以当孩子看起来不那么健康时，家长就会恐惧、不安。

　　也就是说，孩子的问题和症状会让家长本身也陷入"危机"之中。

　　请回想上文中所提到的"危机"。陷入"危机"时，孩子会有"战斗、逃跑和僵化"这三种原始的防御反应。父母虽然是成年人，但我总觉得，当父母因孩子的事情出现危机感时，大多就是陷入了这种原始防御之中。

尤其是母亲，一旦事关自家孩子就难以保持冷静。也许是因为母性具有本能性和身体性吧。有的女性在面临事业危机时可以极为冷静地进行处理，遇到孩子的问题却会采用"战斗、逃跑或僵化"的原始防御。

"逃跑"防御所指的可能是感到厌烦之后就把孩子的教育抛在脑后，只顾着自己玩乐的情况。而积极地想把孩子培养成"好孩子"的家长大多呈现出"战斗""僵化"的防御表现。

优太妈妈："我应该是'战斗'类型，总是因为过分担忧而心焦不已。"

步美妈妈："那我就是'僵化'类型了，因为我会像被冻僵了似的，大脑一片空白。"

我认为应该是母性的反作用导致了这样的反应。因为母性很丰富，所以对孩子的担心很容易会成为母亲的"危机"。所以我希望各位父亲能够明白，所谓的母亲就是这样的生物。如果父亲能冷静并热情地支持母亲，给予她们"安全感"，这样母亲们也能够从容不迫地应对危机了。

优太爸爸："因为母性很丰富所以才感到焦虑。哎呀，以前我从没这么想过，反而总是感到很无语，心想为什么妈妈不能再冷静些呢，原来正因为她是孩子的妈妈，才会有这样的反应啊。"

步美爸爸："我曾经认为母亲很难跟孩子面对面交流是因为她太过脆弱了，原来并非如此。正因为有着母性，相应地，母亲内心的不安才会如此强烈吧。说起父亲的职责，比起直接对孩子进行干涉，给母亲带去安全感也许是更重要的事吧。"

优太爸爸："原来如此，这样就更容易理解什么是父亲的职责了。"

孩子还小的时候，哭泣的时候会更想让妈妈抱。爸爸的怀抱未必能让孩子得到满足，这可能会让爸爸感到失落。但是只要通过支持母亲的方式保护母子二人，等孩子进入青春期，就能更好地和父亲直接交流，父亲也能更好地完成自己的职责。

另外，父母面对"危机（孩子的问题和症状）"时所采取的原始性防御不过是一时的应付罢了。就算并非出自父母本意，这样的应对方式也会加剧孩子的问题。此时，父母会感到难过、痛苦和迷茫。

为了方便各位理解，我就用孩子拒绝上学的例子来说明一下吧。

如果孩子一到早上就说自己肚子疼，不想去学校，这样持续一个星期，父母就会感到强烈的不安。那么每天早上，父母的体内也会流动着强烈的不安，这就是父母的"危机"。

碰到这种状况，优太妈妈会怎么做？

优太妈妈："我应该会训斥他说：'为什么一到早上就这样磨磨蹭蹭的呢？你看看其他孩子，一个个都乖乖地去上学，你也赶紧给我准备好！'"

果然是这样。面对这种情况，父母为什么总会批评和责骂孩子呢？那是因为面对孩子拒绝上学这一"危机"时，父母进入了"战斗"防御的模式，因为对父母而言这股强烈的不安本身就是一种"危机"。为了和心底涌起的不安斗争，他们会头脑发热，控制不住情绪。

　　这样的情况要是持续下去，孩子就会越来越不想去上学。出于某些理由，孩子产生了不想去上学的强烈感情，父母却只在乎自己的感受，孩子不仅得不到帮助，反而会因为父母的批评开始否定自己的价值。这就是问题恶化的原因。

　　优太妈妈："啊，原来是这样。因为父母总想着让自己变得轻松却没有考虑到孩子啊。第 1 章中'多把心思放在孩子的感情上'原来是这个意思啊。"

　　那么步美妈妈又会如何应对呢？

　　步美妈妈："我啊……大概会大脑一片空白吧。不过我应该会乐观地认为这没什么大不了的，还会让孩子请假。如果我因为强迫步美上学而把她弄哭，那才真是难办。她要是真的坚持不想上学，那就随她去吧。唉，这样也是不对的吧。我还是只关心了自己的感情，没有考虑到孩子的感受……"

是啊，跟刚才的例子正好相反，在面对孩子不愿上学的"危机"时，家长如果选择了"僵化"防御，就会把内心涌起的强烈不安封印起来，当作什么都没有发生过。

这样一来，父母的心就能暂时安定下来，就算孩子在家休息，也不会太过烦恼，能够乐观平和地接受孩子不上学的事实。这样做的话，亲子关系虽然能暂时稳定，却也让问题恶化，导致孩子长期不去上学。毫无根据的乐观有时候也是十分危险的。

正如优太和步美的妈妈察觉到的那样，因为父母完全没有考虑到孩子难过的感受，孩子心中沉积的强烈感情依旧冻结在那里，就这样被放置了好几年，给孩子心灵的成长发育造成危害。

孩子只要好好休息半年，就又会想要学习，想和朋友玩耍，想去上学了。如果父母一味想要避开自己内心的不安，就会发现几年过去了，自己完全没有尽到支援孩子的职责。

步美妈妈："但我常听别人说，只要父母接受孩子，允许孩子不上学，孩子就会恢复活力，哪怕不去学校也能健康成长。为什么结果会不一样呢？"

那肯定呀，因为接受的"过程"不一样。在第二种情况下，父母不会轻易地回避内心的不安，而是用心体会孩子的感受。有了这样的过程，在对孩子的痛苦有了深入了解的基础上下定决心"成为孩子的依靠"，这样就算不去上学，孩子也能在安全的家庭环境中得到恢复，健康茁壮地成长下去。

总而言之，如果父母能把孩子的感情放在第一位，那么就算他不去上学，也能健康成长。

步美妈妈："原来如此，也就是说，当孩子发出了求助信号时，家长自己也会因为不安陷入危机。可我们毕竟是大人，比起避开自己的危机，更应该把目光聚焦在怎么保护孩子上。

认真想一想，如果孩子又有精神了，父母的不安自然也会消失。这样的话，父母自己的问题放到后面解决也没关系呀。"

父母在面临"危机"时，如果采取了"僵化"防御，那么不仅自己的负面感情得不到重视，就连孩子的负面感情也会被一并忽视，这种倾向不仅存在于上述案例中。比如说，父母经常会忽视那些在学校适应能力很好而且符合父母对"好孩子"的理想的孩子所发出的求救信号。

比方说，一个平日里总是笑嘻嘻的孩子，却有着自残和虐待小动物的行为，家长会是什么反应？

不难想象，这种状况引起的不安很容易让父母陷入"危机"。但事实上，这种不安很快会和"没什么大不了的"这一乐观思考一起，被封印在父母心底。所以即便发生这样的事件，父母基本上也不会担心。

因此，在这样的案例中，"自残"和"虐待小动物"成了父母眼中"没什么大不了"的小事，孩子释放出的信号也变得无效。进入青春期后，这件"小事"才演变成无法忽视的重大问题，再次出现在我们面前。

父母最重视的是孩子能不能适应学校生活，所以只要这一点得到了保障，其他事情也就不重要了。而且，如果家长小时候也是个"好孩子"，他是在负面情绪得不到社会化的情况下成为家长的，就很容易把不安的感觉自动封印在心底。

优太妈妈："看了一些青少年犯罪的新闻，我也发现好多家长都完全没有注意到孩子的变化，一直坚信自家的孩子是好孩子。原来就是这么一回事啊！当时我还觉得奇怪呢，看来我们和他们也没什么不同啊……新闻上说，有的家长还在联合会（PTA）工作，平时教育孩子非常用心呢，他一定想不到孩子会犯罪吧。"

步美妈妈："是啊。有的家长，就算孩子发出了信号，也会因为恐惧而自动选择逃避，我想我能够理解她的心情。"

所以，如果只是怪罪家长，问题也得不到解决。家长要想接受自己内心的不安，就必须拥有"安心感和安全感"。为了保障家长的"安心感和安全感"，社会就必须要有开阔的胸襟来包容孩子的哭泣、愤怒和悲伤。

社会必须要包容年幼无知的孩子的小恶作剧和淘气的行为。现代社会，世人都在追求早熟的"好孩子"，这是在把育儿中的亲子关系逼上绝路。

有一部名为《哭泣的骆驼》的蒙古纪录片，记录了一个在广阔蒙古戈壁滩的恶劣气候里过着传统游牧生活的四世同堂的家庭。

母骆驼既是家畜，也是家族的一分子。遭遇了难产的母骆驼，受尽艰难最终生下幼崽，却拒绝让它分享自己的奶水和母爱。一家人都为不愿意抚养孩子的母骆驼感到痛心，他们想出各种办法，希望母骆驼能够哺乳小骆驼，却都无济于事。如果对没有母骆驼照顾的小骆驼不管不顾，小骆驼很快就会死去，所以一家人为了这头小骆驼煞费苦心。尽管如此，母骆驼却依旧不愿意接近小骆驼。

据说，蒙古有以马头琴演奏来抚慰骆驼的传统。于是一家人去城里请来了有名的马头琴琴师。悠扬的马头琴声伴随着美丽的歌声传遍了整个草原。主妇一边轻轻抚摸着母骆驼，一边吟唱了起来，歌声美丽而又哀愁。

过了一阵子，母骆驼终于不再拒绝向她靠近的小骆驼。它开始吮吸起母亲的乳汁。而这时，母骆驼的眼里也充满了泪水。

这样的社会是多么温柔啊！他们有着用音乐来感化放弃养育职责的骆驼的文化，不会深究母亲放弃养育的原因，不责怪母亲，只着眼于孩子看不见的伤痕，盼望着孩子能够获得内心的安宁。只有这样的社会才能拯救父母和孩子啊！冒着生命危险把孩子生下来，这对母亲而言是极大的痛苦。正是为了对此表达敬意，母亲们才需要得到慰藉。

第 3 章

学校中孩子们危险的表现

在本章里，我想通过与小学老师的对话，揭露孩子们的感情危机，然后和大家一起讨论，在怎样的关系之中，孩子的感情能够得到保护。

在这个时期，就算孩子在学校有一些令人担心的举动，只要每天都去上学，父母一般不会觉得有什么太大的"问题"。同时，这个时期的孩子哪怕经常受到父母的批评也能适应，让父母以为自己的教育十分顺利。

1. 如何支援年幼的孩子

佐藤老师："我比较在意的是小学一年级的孩子们。一个班的人数要是超过了 30 人，管理起来那可就太累人了。一个孩子的问题还没处理完，另一个孩子又闹起来了……要让他们同时集中注意力，真是很不容易。然而在教学参观和运动会这种有家长在场的时候，孩子们就会像变了个人似的，表现得极为乖巧。为什么这时候就能这么老老实实的，家长不在的时候就做不到了呢？这让我感到不可思议。话虽如此，看到在家长面前表现得如此乖巧的孩子，我时不时又会想，其实你们并不是这个样子的吧？其实你们还是想对父母撒娇的吧？"

这样的事情在其他的学校也经常发生呢。

年幼的孩子就是为了获得父母的宠爱而存在的。这个时期的孩子只要能得到父母的宠爱，父母想让孩子做什么，孩子就会做什么。

正如我在第 1 章和第 2 章中描述的，假如父母在教育孩子时过度压抑孩子的负面感情，这个孩子哪怕到了上小学的年龄，也不知道要怎样表达自己的负面感情。

这种时候，孩子心中会立起一道墙，把父母所期待的身为"好孩子"的自己和怀有不愉快感情的自己隔开。因为这个原因，孩子在家长面前的形象和在学校的形象才会出现偏差。

小学低年级的时候，孩子还想多跟父母撒撒娇，因为这个时期的孩子是一定要和父母撒娇的。所以，这个阶段的孩子要是会在家里哭哭啼啼，或者能对父母表达出自己不愉快的感情，他们反而会在学校好好表现。

反过来说，如果在家里表现得十分乖巧，作为弥补就会在学校表现出自己幼稚的一面。所以他们只有当家长来学校参观的时候会表现得像 6 岁的孩子一样乖巧，平时则像 3 岁小孩一样随着性子来。

佐藤老师："话说回来，之前家访的时候，有位妈妈对我说她的孩子在家里很爱撒娇，有点担心孩子能不能在学校好好表现。可是在我看来，那个孩子在学校可乖巧了！当时我还觉得奇怪呢，原来是这么一回事啊……与此相反，也有家长表示自己的孩子在家十分听话，所以完全不担心孩子在学校里表现得不好。而事实上，那个孩子在学校天天黏着医务室的老师，还动不动就生气，像个小婴儿似的。"

也就是说，在学校足够努力、然后在家里缓解上学的压力的孩子不需要大人过多地担心。可是事实上，要做到这一点其实很不容易。大人们总是期盼孩子给自己带来安慰，而不希望孩子在家里任性地表现出不愉快的感情。

优太妈妈："我以为孩子到了一年级就理应在家里好好表现了，原来他还得多多向我们撒娇啊。我总是急着想让他早点长大。"

佐藤老师："嗯——不仅家长会着急，学校也是一样的。如果孩子在学校表现得不规矩，一般老师的想法都是通过严厉的教育来让他改正吧。所以，我们虽然也有些不安，不过看了孩子的表现我就明白了，单靠严厉的教育让孩子听从于自己，其实也不能从根本上解决问题。旁人也许会觉得'就是因为老师太娇惯学生，才会被学生看扁的'。这真让人迷茫。通过训斥让孩子听话对于老师来说更轻松一些，所以……"

　　那么就让我们来想象一下这样一群小学一年级学生的样子吧。孩子们在体育课上玩跳马玩得不亦乐乎，以至于下课铃响了也不想停下来。下一节课就要开始了，孩子们开始闹别扭、发脾气、满地打滚，就是不肯上课。

　　我们要想的是，在这种情况下，对学生们说些什么才能对他们的成长起到帮助。一位实习老师努力地和孩子们搭话，略显慌张地询问："你们怎么了？"对此，某位资深老师给了他一个建议："你这不过是陪着他们耍性子罢了，不要管了，让他们自己闹去。"

其实，孩子们是因为无法好好控制自己的欲望而发着牢骚呢，他们对感情的控制都处在幼儿阶段。像实习老师那样做不仅起不到作用，反而会使孩子的撒娇行为得到助长，这样一直拖拖拉拉不愿上课。所以正如那位资深老师所指出的，这是"陪着孩子耍性子"。

可是"因为他们在撒娇，所以就放任不管"。这样的应对方法是否有利于孩子的感情控制，对此我要打一个大大的问号。

孩子们做出这样的反应，就意味着他们还不能安全地处理自己内心涌起的不快（这种情况特指因想要玩跳马却玩不了而产生的欲求不满之情）。

这是因为孩子内心涌起的不快感情并没有相对应的语言，他们还处在一个不知道用什么词语表达感情的年龄段，这就意味着他们的负面感情得不到社会化。所以，为了让孩子能够承受住这种程度的欲求不满，首先要让大人认识到孩子的负面感情，并把它和语言联系起来，使负面感情得以社会化。

佐藤老师："原来如此。所以对于那些在小学之前就学会控制情感的孩子来说，只要铃声一响，他们就能切换自己的心情。做不到这一点，就意味着孩子还有尚未完成的功课，所以孩子哪方面做不好，我们老师就必须要帮助他们改正，没错吧？在不知不觉中，我开始认为学生理应在学校表现得和年龄相符，所以觉得教育工作者不能纵容孩子。可是如果放着孩子不管，就会让孩子保持原先的状态而一直得不到进步呀。"

所以，如果孩子表现得不像一年级学生，对感情的控制像3岁孩童的话，老师就应该像对待3岁孩子那样对待他。

佐藤老师："意思是要对他们说'是不是还想玩跳马呀？''到下一节课就不可以再玩了，真可惜呀！'之类的话吧？确实，如果对他们说：'你们差不多也该消停了，怎么这么大了还在给大家添麻烦！'两种说法费的力相同，结果却不一样。"

认可孩子的负面感情，不意味着就要认可孩子的负面行为。

感情的认可和语言化对感情的社会化来说是十分重要的。感情得到了认可，孩子内心也会冷静下来，这样才有可能自然而然地采取理想的行动。

也就是说，要想让孩子们停止当前负面的行为，就要认可他们的负面感情，这样他们才能冷静下来。当孩子们采取新的行动时，如果家长能对此加以表扬，孩子们就能感受到一种舒适感，从而加强对感情的控制能力。

受到责怪后，孩子们会因为恐惧而抑制自己的情绪，这对他们来说是一种恐怖的体验。由此造成的后果可能是，家长如果不让孩子感到恐惧（通过责骂），他就无法控制自己的情绪，不能身心健康地长大。

优太妈妈："我担心优太上一年级后也会变成这种爱闹脾气的孩子，因为现在他在家也一直是这种状态……"

优太爸爸："对对，我也感觉老师说的就是我们家优太未来的样子，不禁有些担心。"

刚刚我列举了表现得像3岁小孩的小学一年级学生的例子。但是在多数情况下，这样的孩子在出生后的6年间，在家里都是表现得十分"乖巧"的。这些孩子要么是靠父母的严厉教育控制自己的情绪，要么是因为害怕父母担心，不敢在家里任性耍脾气。

　　所以，孩子3岁的时候如果能像他这个年龄段的孩子一样让父母多头疼一些，父亲母亲抱着他慢慢教会他如何忍耐，这样就不太需要担心了。

　　优太爸爸："所以，'要让孩子想哭就哭'，是这么一回事吧？但是，万一我们等孩子进了小学才发现他表现得跟个3岁小孩似的，会不会已经为时已晚了呢？"

　　这一点家长们大可放心。只要家长能注意到问题，就会有各种各样的办法来纠正问题。不过关键还是要看家长有没有进行纠正问题的勇气和决心。

　　山田老师："我现在是小学二年级学生的班主任，班上有个孩子事事都要争第一，动不动就生气。听了您的话之后我明白了，看来是因为这个孩子在家受到了很严格的要求，负面感情得不到社会化啊！前一段时间的汉字考试，她做错了一题，'只'得了 90 分。可是这个孩子很不高兴地说，'不是 100 分的试卷我可不要！'说完就把那张试卷撕掉了。周围的孩子吓了一跳。我拼命地安慰她说：'就算没考到 100 分，这张考卷也证明了你的努力。你已经很优秀了。''我就是不要！'她丝毫听不进去，反而大哭特哭了起来……哪怕对她说'你这样把考卷撕了，老师和你的妈妈都会很难过的哟'，她也很难听进去。"

跟孩子讲道理，或者通过把周围人的想法传达给孩子以帮助他进行感情控制，是极为常见的做法。但是，这样做会让孩子内心的感情能量难以散发。

山田老师："原来如此，这个孩子内心流动着的是'不甘心'的感情吧。我明白了，因为'不甘心'的感情没有得到社会化，所以会一口气地爆发出来，导致孩子陷入恐慌状态之中吧。这时候要传达的并非'老师或家长的心情'，而是'她自己的心情'，也就是说我们要安慰她说：'没考好一定很不甘心吧！'因为她根本连'不甘心'是什么都还不知道呢。"

正是如此，像这样低年级的孩子，还处在学习自己感情的过程中，如果家长不跟她说"你一定很不甘心吧，"孩子是不会知道要怎样安全地面对这种让自己内心不愉快的感情的。

佐藤老师："这样的孩子在我班上也有不少呢，在手工课上做黏土的时候，我称赞一个孩子的作品'做得很好'，把这个作品作为范本给大家看了之后，突然有个孩子给它捣了个稀巴烂。这种时候，我必须要教会孩子正确的善恶观。我严词问道：'你为什么要做这么过分的事情？这可是别的小朋友好不容易才做出来的东西，你这样做是非常不对的！'现在我才知道，就算分清了什么该做什么不该做，也不代表这个孩子的行动能得到改善。"

山田老师："也就是说，这个孩子对别的孩子产生了嫉妒之情吧。"

佐藤老师："没错，让孩子知道正确的善恶观很重要。可我现在明白了，还必须要察觉到学生的嫉妒、不甘，以及想要获得赞许的心情，并且将这些感情用语言表达出来，不然就没法使孩子得到成长。那个孩子看到优秀的黏土作品时，如果我能对他说'你一定很不甘心吧'，用语言把他内心的感情表达出来，这样他就算感到不甘也能够安全地对应，这样也就不会出手破坏其他孩子的作品了吧。说起来，我后来打电话把这件事告诉了那个孩子的母亲，可她居然冲我说：'我家的孩子不可能做出这样的事！'这让我一时哑口无言。看来这个孩子就算在家里表现出负面的情绪也难以受到父母认可吧……"

步美妈妈："我能理解那位母亲的心情。她一定因为这个突如其来的事实慌了手脚。因为她相信自己的孩子绝对不会做出这种粗暴的事情，所以条件反射般地涌起了一股怒火吧。仔细想一想，可能觉得非常对不起老师，可是在那种情况下因为过于慌乱，不由自主地想要否定这件事，这种感觉我能够理解。因为那种孩子在家里一定表现得十分乖巧吧？如果是这样，那母亲就更加难以理解，会生气也是没办法的。不过，对老师就有点过意不去了。"

佐藤老师："原来是这么一回事啊……我还一直不理解为什么家长们都不愿意正视自己孩子真实的样子呢，原来他们也感到十分的不安啊。当我试着跟家长换位思考之后，就渐渐能够明白他们的感受了。"

山田老师："低年级的学生中，因为一点小事就头脑发热、控制不了自己情绪的孩子的确让人担心。但我最近比较在意的是那些心不在焉的孩子。他们总是时不时对着天空发呆，然后又突然重新看向黑板，总感觉这样的孩子最近变多了。他们虽然经常发呆，却不会给别人造成麻烦。这也算不上什么大问题，所以应该没什么大不了的吧……"

佐藤老师："我也很担心这个问题。有个孩子和朋友吵架，本来以他的性格都是直接哇哇大哭的，可他这一回却一声不吭，好像意识从这里消失了一样。过了一阵子，他脸上的表情恢复如初，好像把刚才的事情忘得一干二净似的。我也不知道这究竟是好是坏，就好像一瞬间他的意识从这里逃走了似的。"

山田老师："对对，低年级的孩子虽然不起眼，但不由得叫人担心，总是不确定他们的内心是否健康。家长完全注意不到这一点啊！孩子在家里总会表现得乖巧伶俐，还要做不少课外作业……"

佐藤老师："孩子发呆的时候，好像意识不在这里似的，所以那时候他是不是听不进别人对他说的话呀？"

发呆的孩子和生气的孩子一样，都需要我们小心翼翼地呵护。经常发脾气的孩子所发出的求救信号更容易被大人所察觉，可是爱发呆的孩子在成长过程中一直得不到大人的注意。

当然了，如果只是因为感到无聊而发呆是十分正常的。我们这里说的有问题的"发呆"，指的是当孩子感受到强烈的负面感情后，本来应该会有哭泣或愤怒的举动，实际上却毫无反应。

这意味着，当孩子无法承受内心的负面感情时，会日常性地出现轻微的解离症状。

在学校过着集体生活的孩子每天都会遇到一定的压力。压力的形式多种多样，下至成长所需的适度压力，上至会给孩子带来沉重精神打击的压力。但是对于负面感情得不到社会化的孩子来说，即便是成长所需的适度的压力，也会被当作危机处理，引发"僵化"防御。这是一种通过感情的封印和解离来适应环境的日常性状态。

这种情况下，就会像佐藤老师班上那个孩子一样，和朋友吵架后明明应该哭出来，他却突然发起了呆。这是因为孩子无法承受由吵架的压力而引起的不快感，导致意识发生了解离。所以一旦回过神来，就会忘记之前发生的事。

对于这样的孩子来说，如果在学校读书这件事让他感到有压力，为了让身体适应这样的压力，他就会让意识消矢，然后通过发呆适应压力。如果每天以这样的状态来上学，就会经常丢三落四，虽然上课了，知识却完全得不到积累，这样的事一点儿都不会让人觉得意外。

佐藤老师："这是一种病吗？"

不是。这个年纪的孩子在日常生活中出现解离症状，虽然是一种危险信号，可是如果单把这个症状拿出来看的话，还算不上是生病。只是孩子习惯借助这个方法来适应环境罢了。但是，如果就这样放任不管的话，孩子长大后很有可能被诊断出心理疾病。

在本书中，我将会从"如何防止青春期后的孩子患上心理疾病"这个角度进行阐述，同时也将提供一个崭新的观点——重新审视孩子的成长过程中被我们忽视的部分。我们不能把这些部分当作是异常给排除掉，而要从帮助孩子的角度来寻找它的有利之处。

佐藤老师："嗯，这样看来，有很多小学生需要我们的帮助。那么，我们要怎样帮助那些通过发呆缓解内心不快的孩子呢？"

一般来说，我们要告诉他，此时心里不愉快是极为正常的，让他知道这种感情并不危险。这一点对于爱发脾气的孩子来说也是一样的。关键在于大人要认可并包容孩子的不快感。

在跟人吵架的时候，那个孩子有什么感受呢？

佐藤老师："和自己的好朋友吵架，他必然受到打击，心里难过吧！如果真是这样，这时候我就应该对他说：'你一定很难过吧。'不过，我感觉就算我这么说，他也会装作没听见。"

如果孩子一直不懂得如何安全地处理自己的负面感情，当他真的要接触这部分感情时，会感到十分恐惧。他会通过解离防御让自己可以不必接触这类感情，就算周围的大人想要触及这些负面的情绪，他可能一时半会儿也不会做出反应。

所以在日常生活中十分重要的是，每当孩子感到不愉快时，大人们要不断地接触并认可他们的感情。如果老师和孩子都能做到这一点就再好不过了。如果家长能这样和孩子交流，相信孩子很快就能得到恢复吧。

步美爸爸："我觉得我应该好好反思一下了。因为就算是现在，只要听到我的批评，步美就会变得目光呆滞，这都是我的责任啊！我也明白了，再这样下去的话，就算她在我面前是一个乖孩子，等到了学校，也会变得和上面所说的那些孩子一样。让步美能够在我面前想哭就哭这一点，也十分重要。只要抱抱她就好了吧？我感觉这样做反而要轻松得多了。毕竟我家步美那么可爱……"

山田老师："没错。身为教师的我自不必说，家长也因为担心自己认可孩子的负面情绪会导致孩子变得任性起来，所以一直不敢这么做，反而因此产生了恶性循环呢。我们教师也应该要善于发现孩子面临的危机，和家长齐心协力共同应对吗？"

佐藤老师："和孩子的日常接触真的很重要啊。如果什么事情都能一次性解决，也就没什么值得我们操心的了。方才我听您说，当孩子受到负面情绪的侵扰时，会害怕主动去接触这一部分的感情。可是有时候，我也想要去拥抱那些哭泣的、陷入恐惧的孩子，却被他们一把推开，根本无法接近。这也是因为恐惧吗？那个孩子平时只要我的手一空，他就会过来求我抱他，有点爱撒娇，还有一些幼稚的地方。明明高兴的时候那么想让我抱他，哭泣的时候却绝不人靠近，给人一种'别过来！'的感觉。这是怎么一回事呢？"

我在第 1 章里提到过，因为有的家长只有在孩子高兴的时候拥抱孩子，反而在孩子哭泣的时候，对抱孩子这件事产生抗拒。

我还说过，当孩子内心感到不快、面临危机时，父母的拥抱能让他被安全感所笼罩，从而把不愉快的感情转化为安全的感情。

有些孩子被不快的感情支配时，得不到父母的拥抱，甚至遭到训斥。负面感情长期受到父母的否定，会导致孩子被不快感支配的时候，下意识地认为周围的大人是"危险的存在"，因此就会产生一种两面性。在"好孩子模式"下，孩子会非常喜欢大人。当他陷入"混乱模式"时，则会将大人认定为"危险的存在"。

佐藤老师："原来如此，我明白了。因为那个孩子一旦停止哭泣，又会马上钻到我的怀里。这样看来，就算孩子散发着'别靠近我！'的气场，也得厚着脸皮待在他身边呀。哪怕他被不愉快的感情支配，只要我肯作为一个安全的保障守护在他身边，他也会渐渐地接受我吧。"

正是如此。这个时候不能用你的认知，或是用大道理来说服他，而是要慢慢地跟上他呼吸的节奏，静静地坐在他的旁边，观察他的神情，悄悄地把手放在他的背后。这种形式的"拥抱"也非常有效哟。

一开始要试着跟上孩子的呼吸节奏，当节奏对上了，就反客为主，由老师来引导孩子的呼吸节奏，就这样让孩子的呼吸慢慢变缓，这样他们的内心也能慢慢平静下来。

山田老师："对对，但不知为什么，面对残疾儿童的时候我能够这样应对，一旦想到面对的是'普通的孩子'，就不禁就会说出类似'快别哭了，大家都在等你'的话。"

孩子的发育阶段各有不同，我们应该珍惜孩子成长过程中的每一个小麻烦，把它当成好机会。正是在这种时候，我们才更要对孩子伸出援助之手，一边安慰着他，一边用自己的身体给予孩子安全感，这才是真正重要的教育。

孩子"难过时会求助于大人"，这看似简单的行为如果能在日常生活中不断实现，孩子的感情教育就不是什么难事。为此，需要"能让孩子依偎的大人的臂膀"。

"教会孩子勇敢哭泣"指的是，"教会孩子依偎在大人的臂膀里哭泣"。

优太爸爸："我明白了，当我们父母内心十分不安，不能好好进行孩子的感情教育的时候，学校的老师会想办法弥补我们的疏漏吧。"

佐藤老师："我认为，我们也必须和父母站在统一战线上，理解父母因为心疼孩子而产生的不安。"

2. 我们要如何抚平孩子狂暴的心？

太田老师："我是四年级的班主任。现在让我比较头疼的是，孩子们在用着一些十分粗俗、粗暴的词语。班上要是有同学犯了错，同学们就会七嘴八舌地骂道'去死吧！''去死吧！'，现在'去死吧'和'杀了你'都成了孩子们的日常用语了。我在课上严肃地告诉过他们，不能用这样的词来骂人，可是他们就仿佛潜入地下了，开始在背地里说这些话。问题并没有得到本质性的改善。"

"班上去年的情况是怎样的？"

太田老师："去年的班主任辞职之后，我没有换班，只是接管了他的班主任职位。其实孩子们去年还很老实的，听家长们说以前那位班主任似乎比较严厉。所以家长们虽然都很感谢我，但孩子们好像是为了发泄去年一年所积攒的压力一样，一点儿都不听话。班上弥漫着一股持续的对大人的不信任感，甚至让我感到有些可怜。就连表面上一本正经的女孩子，只要看看她的笔记也能发现她的内心早已是千疮百孔了。"

原来如此，类似大田老师班上的这种典型情况我早有耳闻，学生们在非常严厉的教师面前对他言听计从，开启"好孩子模式"。对于原本就习惯通过封印内心情感来自我防御的学生来说，低年级的时候还是很容易适应严厉师长的教育模式。

但是在这段时间，学生得不到任何人的认同，愤怒、悲伤、恐惧、不安等感情没有和语言产生联系，就会导致负面感情的能量在体内积攒起来。到了第二年，来了个性格开朗的新班主任，学生们的负面能量瞬间犹如火山喷发一样爆发。这种事情实在是屡见不鲜。

太田老师："果然是这样啊。听您这么一说，我总算放心了一些。原来这是典型案例啊。因为不管我怎么做，都管不好班上的学生，我还以为是我自己能力不够。周围的老师也总是向我示意'是不是太惯着学生了呀？'真是把我压得快喘不过气来了。"

这也是常有的事。温柔对待学生的老师如果无法维持班级秩序，就容易被人指责太惯着学生，因此感到痛苦的教师应该不在少数。这种情况和父母担心自己对孩子的宠爱会招致批评，而无法接受孩子的负面感情是一样的。

我在第 2 章提到，孩子察觉到"危机"之后就会进行解离，随后当重获安全之后，孩子的内心（大脑）会开始进行自我恢复。这个恢复指的是为了使被解离的感情再次统合在一起，而让这些感情溢出外界的过程。孩子们因为遇到了温柔的老师，得以展现出自己真实的感情状态。但由于没有得到社会化的负面感情也哗啦啦地一涌而出，使自己陷入了难以正确表达负面感情的状态之中。

大田老师："他们正处在这种状态中。孩子们用于表达负面情感的词语总是'去死吧''杀了你''烦人''气死我了''累了'和'没什么'这些吧。他们不会使用类似'悲伤''寂寞''不甘''害羞''生气'这样能够明确表达感情的词语。"

作为身体感觉的负面感情在现实中得不到大人的认可，没有了语言的联系，这种负面能量会变得十分危险。当孩子在这种状态下沉迷于电视和游戏的时候，就会遇到和自己身体内所流动着的负面感情相对应的词语。

当孩子感到焦虑和愤怒的时候，如果一边在游戏中喊着"去死吧！"，一边打倒敌人，心情就会变得十分畅快。我认为，孩子在这种时候会学到一些不恰当的粗暴的语言来表达自己的身体感觉和感情。

所以当孩子在说"去死吧！"的时候，心里想的可能是"不甘心"；当孩子说"累了"的时候，内心想的则可能是"难过"；在说"没什么"的时候则可能表示内心的"不安"。

简单地说，孩子们所学到的用于表达负面感情的词语是错误的。如果电视、游戏和网络的问题以及大人无法认可孩子负面感情的倾向同时出现，就会对孩子产生较大的恶劣影响。

实际上，现在还是有一些孩子因为害怕而无法说出"去死吧！""杀了你！"这样的话。因为那些孩子内心的不快总是能够得到大人的重视，所以他们能用身体感觉来理解这些词语的真正含义，自然就会对"去死"这样的词产生恐惧了。

太田老师："这样一来，孩子们说'去死！'的时候，如果能够知道他们内心真正的想法，并用与之对应的适当的词语来替代'去死'这个词，孩子们就能重新学会正确表达感情的方法吧。"

我也这么想，但真的能够实现吗？

山田老师："嗯……班上的孩子前些天玩躲避球的时候，有个孩子独自挺到了最后，场面一度非常热闹。可是这个孩子最终还是被砸中，队伍也以失败告终。没想到其他同学竟开始攻击这个奋斗到最后一刻的孩子，让他'去死'。因为我对那个孩子的袒护，进行人身攻击的孩子也越发不满，场面变得一团糟。虽然我也知道如果我袒护他，其他人对他的攻击也会越发强烈，但他实在是太可怜了，我只能训斥那些骂人的孩子。"

原来如此，不过这样做的话，可能会让其他孩子的不满情绪膨胀，堆积在心底的情绪不得抒发。这样一来，还会影响到下一堂课吧？

太田老师："没错，他们看到别人犯了点小错误，就会恶语相向。那些攻击别人的孩子，其实就是觉得自己也很努力，却没能留到最后，感到十分不甘吧。我很了解他们是怎样想的。孩子们感到不甘心其实是好事，因为这就说明他们有付出相应的努力啊。如果他们因为'不甘'就对人恶语相向，而我选择批评他们，他们就会更加不甘心，从而陷入一个恶性循环。这个时候作为替代，我应该要对他们说：'你们一定很不甘心吧'，来告诉他们，心有不甘的时候就要把'我不甘心'这句话说出来才行。我相信自己能够做到这一点。说到底，如果知道孩子们只是学到了消极的词语，那么作为老师还是有能出力的地方的。

孩子们只是学到了错误的词语，那么作为老师还是有力所能及的地方。我想让孩子像从前一样笑。他们还这么小就如此暴躁，真是太可怜了。"

的确如此，小孩子的情绪会变得暴躁都是大人的责任。要想让孩子真诚地笑，大人就必须重视他们负面的、不愉快的感情，并且在孩子难过和懊恼的时候让他们依偎在自己的怀里哭泣。

佐佐木老师："我是小学 3 年级学生的班主任。太田老师班上的状况和我班有些相似，听您一番话让我学习到了不少。我们班上也有一个十分暴躁的孩子。我现在每天都担心他会做出什么不好的事，导致自己总是忧心忡忡的。因为家庭暴力，他的父母离了婚，他现在和母亲相依为命。这个孩子在父母离婚之前一直非常老实，但是打那以后，他转到另一个学校读书，就变得很爱发脾气。听了您刚才所说的，我明白了这孩子变化那么大。应该是因为父母离婚之后，家庭成了一个安全的场所，孩子想要平复自己的心情，于是就渐渐开始流露出自己的负面感情了吧。"

当家庭中存在 DV（夫妇间家暴）时，孩子一定会通过封印感情来进行防御。只有封印住了感情，他才能维持自己"好孩子"的形象。妈妈为了自己和孩子的人权与丈夫离婚，是需要很大的勇气的。只有离婚，自己和孩子的安全才能得到保障。

对大人来说，事情到此就告一段落了。对孩子而言，他的恢复过程才刚刚开始。在这种环境下长大的孩子已经长年累月地养成了封印负面感情的习惯，也还不知道应该如何处理从体内漫出的不愉快的感情。

处在这种状态下，孩子对外界的刺激将特别敏感，一旦觉得自己可能遭到否定，体内的负面能量就会一口气爆发出来。

有关这种孩子的处理方式，各位可以参考鄙人的拙著《对无法控制愤怒的孩子的理解与援助——教师和家长的关系》(金子书房出版)。

渡边老师："我也是小学三年级学生的班主任。我班上虽然也有这种动不动就生气的孩子，但是按他妈妈所说，这孩子在家不算乖巧，在学校也是肆无忌惮的，完全不像是在抑制自己的感情。我们要怎样对付这种孩子呢？"

比如说，从小就精力十足的淘气鬼免不了让父母操心，所以可能会经常受到批评。但是，对孩子的批评过于日常化，对孩子的教育是完全无效的。

优太妈妈："小学的孩子真不得了啊。假如我太频繁地批评优太，他长大以后说不定也会变成这样呢。如果一直批评孩子，孩子反而会听不进去，不仅如此，我总感觉他还会因此把我们说的话完全屏蔽掉。"

优太爸爸："我初中的时候就是这样。因为天天都被老师骂，一旦老师的说教开始了，我就开始想其他的事情，或是把脑袋放空，根本不记得老师说了什么……小孩子应该也是这样吧。"

渡边老师："原来是这种感觉啊。那个孩子的爸爸妈妈都说他们一直在告诫孩子忍一忍，再忍一忍。也就是说陷入一种恶性循环里面了吗？"

应该是存在恶性循环的。因为每当孩子感到不开心的时候，应该都无法正确处理自己的心情吧？那么孩子在学校表现得肆无忌惮，又有哪些举动？

渡边老师："上课上腻了立马就会离开自己的座位，上游泳课的时候就算下课铃响了他也会哭着说自己还想再游一会儿。上课的时候，如果喜欢在黑板上写字，就想一直写下去，要是被人制止了就会立马哭着撒起娇来。简直就像一个两三岁的小孩。"

也就是说他会在老师面前采取"任性"的幼稚举动。他和朋友的关系怎么样？能够对自己的朋友说"不"吗？

渡边老师："前几天，同桌掐了他的脸蛋。我还担心会不会出什么事，可他竟然还是笑嘻嘻的，甚至让我感到有点扫兴。不过这应该是有问题的吧？说起来，我一直把他当成一个不听话的孩子，可是在家长和同龄人面前，他的表现会不会不一样？这个孩子可能从来没有拒绝过自己的朋友。哎呀，这可真是盲点。我一直都觉得他是个任性的、很有自我主张的孩子，所以没能察觉到这一点。"

这的确很容易被我们忽略。面对同龄人，就算被狠狠地捏了脸也是笑嘻嘻的，那么这个孩子很有可能会因此积攒一些愤怒和难过的情绪。这些被积攒下来的情绪可能会以其他方式表现出来，比如说他在老师面前会表现得十分暴躁。

像这种发生在教室里的事情，就要由老师来处理了。虽然家庭里也存在着恶性循环，但并不是说老师就帮不上忙了。

渡边老师："真的是这样啊。也就是说，在脸蛋被捏的时候，尽管脸上是笑嘻嘻的，我也要安慰他说'是不是很痛呀？难不难过呀？'，这样才真正算是对孩子的帮助吧。如果把这件事告诉他妈妈，相信她也能够稍微从容一点吧。可要是以后被同学捏了脸都会哭了，他在其他场合下还能学得会忍耐吗？"

当然学得会。因为孩子现在还小，所以一时半会肯定还是做不到的，要慢慢来。

该哭的时候就能哭出来，那在本来应该忍耐的时候，他也是会忍耐的。如果让他一味地忍耐，他就会因为压力而大声哭号吧，但这种哭对成长可起不到帮助哦。

步美爸爸："原来如此，哭也分为对成长有帮助的哭和没帮助的哭啊。如果孩子由于无法回应大人的要求被压力压垮而大哭特哭，不管孩子哭得多么伤心，也不会为孩子的成长起到帮助作用啊。我可算是明白了。"

步美妈妈："原来如此，但当父母自己也慌了阵脚的时候，应该无法很好地区分这两种哭吧？"

3. 对犯错和失败的强烈不安

　　木村老师："我是小学五年级的班主任。五年级学生也会有以上提到的情况，所以老师们的一席话让我受益匪浅。孩子们总是害怕自己有什么做不到的事，害怕犯错和失败，给人一种很脆弱的感觉。家长们也一样，非常担心孩子们会犯错、失败或是有什么做不到的事。我经常认为，正是因为这个原因，孩子们才变得愈发胆小。

　　远藤老师："我是小学六年级学生的班主任。对此我深有同感。最近收上来的试卷里有一张空白答卷。我问答题的女生为什么会这样，她说，一想到自己可能会做错，大脑就变得一片空白，结果一眨眼的工夫就到了交卷的时间了。我告诉她'错了也没关系'，可她和我说：'道理我都懂，但手总不听使唤。'"

木村老师："我班上有个男孩要是遇到了什么搞不懂的问题，就会十分不安，有时候还会敲自己的脑袋。他的眼神变得很奇怪，表情也和平时不一样，所以我每次都会静静地对他说'没关系哟。'这样他就能渐渐平静下来。"

远藤老师："对家长来说，犯错也是成长必经的过程。孩子肯定会犯错误，会有做不到的事情。有些家长对此感到不安，却不知道怎样才能让孩子理解。刚刚说到的那位答题纸一片空白的女孩的妈妈就是这样。她非常在意女儿的成绩，每逢考试复习周都会一直陪在孩子身边，帮她揪出一些错误。虽然我非常感谢母亲对孩子的教育，却又担心这会不会反而给孩子带来压力。"

木村老师："是呀。有的家长会把孩子犯的错当成自己的错。他们本该在精神上支撑因为犯错而感到不安的孩子，有时候却因为自己的过分不安而把孩子逼上绝路。"

优太妈妈："这也许就是未来的我。等优太升到高年级，我应该也会很在意他的学习吧……他的学习成绩不好的话，我可是会感到十分不幸的。"

步美妈妈："说实话，我也能预感到我将来会把步美的分数当成自己的分数。"

优太爸爸："我们这些当爸爸的每天都过得很辛苦，所以经常后悔自己当年念书的时候不够努力。对于孩子，自然就会期望他们能够好好读书吧……"

步美爸爸："的确是这样。不好好学习的话是无法在社会竞争中胜出的。从某种意义上来说，因为我们不想让孩子长大后受苦，所以希望他们趁着年纪小好好学习，为将来做准备。"

现在很多大学生也有害怕犯错的倾向，我认为这是一个严重的问题。很多优秀的学生在进入大学之前几乎没有遭遇过什么失败，进入大学后却发现自己其实并非无所不能，就有可能受到打击。

孩子从小在父母"只要你想做就一定能做到"的鼓励中成

长，遇到问题时难免会产生心理落差。职场人士在学习专业技能时，都是从错误中吸取教训。这样一来，习惯了通过预习来避免犯错的孩子步入社会后，应该会容易遭遇挫折吧。

这样的孩子当了父母，也会控制自己的孩子不犯错，这就会形成一个恶性循环。

步美妈妈："的确如此。我从小就会认真预习、避免犯错，所以才会担心孩子能不能好好做到这一点。"

优太妈妈："而我可能正因为没能满足父母的期望，内心不甘。父母希望我进一所好大学，我却让他们失望了。明明自己也不想受到这种期待，我却依然把它强加在自己的孩子身上。"

孩子之所以会害怕犯错，是因为自己"犯错"后会产生不安、羞愧这样不快的感情。这样的负面感情如果得不到社会化，一旦感到不安，孩子就会想要逃避现实。所以远藤老师班上的那个女学生才会"一想到自己可能会犯错，大脑就一片空白，等回过神来已经到了交卷的时间了"。大脑空白的这段时间，孩子其实是进入了解离的状态。像"弄错了怎么办"这样的不安，对孩子来说过于沉重，以至于精神上承受不住了吧。

木村老师班上的孩子也是一样的吧。这个孩子是由于不安一下子爆发出来，所以会通过伤害自己来责备自己的无能吧。这种时候就要像木村老师一样，给予孩子一种安全感，这是十分重要的。

远藤老师："原来如此，我明白了。不管嘴上怎么对孩子说'犯错了也没关系'，只要孩子的身体没有真正获得安全感，我说再多也没有意义吧。这就意味着我必须要在孩子的日常学习生活中多多留意啊。假如我的班上能形成一种勇于接受自身错误的氛围，孩子就能获得安全感吧。"

我也是这么认为的。在班上形成一种能够包容犯错、失败和与众不同的孩子的氛围的话，就算孩子感到不安和害羞，也会被周围的安全感所笼罩，能够安全地处理这些负面感情。

假如老师责怪那些犯错的、失败的孩子，控制集体往"正确"的方向发展，优秀的孩子当时可以不出差错地发挥自己的本领，回应老师的期待。然而进入青春期、步入社会后，这些孩子在挫折面前将会不堪一击。

远藤先生："第2章介绍如何培养不惧挫折的坚强的孩子时，您说'如果孩子的负面感情能够被大人的安心感、安全感所笼罩，那么负面感情也会变成安全的感情'，换做是学校的话，能将孩子笼罩的'安全感'指的就是班上的氛围吧。我们做老师的，就是要负责营造出这样的氛围。"

木村老师："但是，最近还存在着'过度保护对孩子不好'的论调呢。像'运动会的时候如果不设立名次的话，大家就会因为避免竞争禁不起挫折''就是因为孩子不习惯丢脸，做事才这么没有耐心'这样的评论在电视上也经常能够听到，让我感到十分迷茫。"

"现在的孩子被溺爱得太厉害，所以无法忍受屈辱，动不动就会生气"——这样的论调是根据大人自己的体验得出的一般结论。因为在许多大人的成长过程中，挫折和屈辱成了驱使他们前进的力量。

以前的确是这样的。可是仅仅因为这个原因就严厉地对待孩子未免过于轻率。只要在学校过集体生活，就一定会遇到各种各样不愉快的事情。没体会过"屈辱"的孩子恐怕不存在吧。这一点无论是过去还是现在都一样。要说到底哪里有不同，那就是感受到"屈辱"时对这份不快感的处理方式有所不同。

正如我在第 1 章和第 2 章中所说的那样，孩子被不快感支配的时候会通过封印自己的感情来消除自己的不快感，也就是以解离的方式进行自我防卫。假如孩子一直以这种方式成长，就算经历"屈辱"，他也会当作什么没有发生。这样一来，屈辱不但无法成为孩子生存的力量，因屈辱而积攒的不快感还会随时爆发，使孩子的情绪不受控制。

那么，为什么孩子们会封印自己的感情，通过解离的方式来适应环境？因为孩子们从小就背上了来自家长的诸多期望——"希望孩子成为一个能够忍受屈辱的人""希望孩子成为一个不为挫折所动的人"当这份期望过于沉重的时候，就会产生上述的问题。

也就是说，家长们越是期待孩子这样或那样，就越容易产生恶性循环。

让孩子勇敢地哭泣，首先要有一个能够接受他的大人。要让孩子获得忍受屈辱的能力，大人就要让孩子在受到屈辱后尽情地哭泣，并在身边默默地支撑、陪伴他。也就是说，在孩子难过时，大人要成为孩子的依靠。

当自家孩子在运动会出了丑、心情不愉快之时，如果能好好地给泪眼汪汪的孩子一个拥抱，就已经足够了。然后就让他在你怀里大哭特哭好了。这个时候如果责备孩子说："你真让爸爸妈妈丢脸呀！"或者向老师抱怨，"我家孩子会这么难过都是因为老师照顾得不够周到！"这时候家长重视的并非孩子的感情，而是自己的感情。

　　我在第 1 章提到过，为人父母，就必须把孩子的感情放在第一位。为了让孩子受得住挫折和屈辱，家长们必须要接受孩子的不甘和难过，而不需要让孩子们远离挫折和屈辱本身。关键在于，父母能不能在受挫的孩子面前维持自己父母的形象。

　　优太爸爸："这就是做父母的'思想觉悟'啊。"

4. 欺负来欺负去的人际关系

远藤老师："也就是说，我们作为大人的职责在于，要好好地包容孩子们的各种感情。虽然我也想营造出充满安全感的氛围，但校园欺凌的问题处理起来非常困难，我一直都不知该如何是好。"

木村老师："高年级的，特别是女生中的欺凌问题，真是十分棘手啊。今天还在被人欺负的孩子，明天就变成了欺负人的那一方。情况每天都在发生变化，不知怎样才能得到改善，每当想到这里，我就十分迷茫。"

远藤老师："我们班上好像有两个女孩子同时喜欢上一个男孩子了。就用小 A 和小 B 来指代吧。小 A 和小 B 都喜欢上了小 C（那个男孩子），小 C 喜欢的则是小 B，听说还给小 B

写过情书呢。到这里为止都还挺令人欣慰的，但是小 A 开始跟周围的朋友说小 B 的坏话，并且开始欺负小 B。有的孩子到处跟别的孩子说'小 B 说你一点都不可爱'，有的则在小 B 的笔记本上写下'去死！'的诅咒，有的互相传递咒骂小 B 的小纸条……后来小 B 跟我说她不想来上学了，我才知道这件事。我给大家开了班会，这件事暂时得到了解决。可谁能想到，这一回跟小 B 关系很好的小 D 又和其他孩子联合，开始欺负小 A。因为我在班上跟大家说了这件事，大家都觉得小 A 很过分，结果这次小 A 就成了他们的欺负对象。就在班上因为小 A 和小 B 的事情乱成一团的时候，小 E 又开始不来上学了。听小 E 的妈妈说，小 E 觉得如果每天不欺负别人的话就不能融入班集体中，这让小 E 十分难过，每天都在家中以泪洗面。小 E 会想哭是很正常的，她说自己不想被欺负，也不想欺负别人，这是非常正常的反应。我感觉女孩子的人际关系十分复杂，班级管理像是走进了死胡同里。"

"在这起事件中，小Ａ对小Ｂ最初只是嫉妒，后来才发展成对小Ｂ进行人身攻击。在这之后，您按照通常的方式对学生进行了教育，在全班同学面前揭露小Ａ的恶行，结果这次轮到小Ａ成为被欺负的一方。那么带头欺负小Ａ的小Ｄ又有怎样的烦恼呢？"

远藤老师："小Ｄ一直满面春风、乐观开朗，我看不出她会有什么烦恼。不过，毕竟是她煽动大家欺负小Ａ，她心中一定积攒了不少攻击性的情绪吧？对这样的孩子而言，'欺负别人'这一行为本身就是求救信号吧？我要搞清楚小Ｄ究竟有什么烦恼。"

小Ａ无法安全地面对从自己体内涌出的名为"嫉妒"的感情，这些负面情绪就以欺负小Ｂ的形式爆发了出来。小Ｄ应该也因为某些原因，如果不攻击其他人就无法发泄愤怒和悲伤。因为小Ｅ不愿意把自己不喜欢的事情强加于人，所以她的感情一定是在父母的关心中得到成长的。

在这样的案例中，为了自己的生存随意攻击别人的孩子更容易适应集体环境，懂得体贴他人的孩子却无法适应，通过逃学来躲避，真是令人感到讽刺。

步美妈妈："诶!？这是怎么回事，怎么会这样，懂得体贴他人的孩子反而不能去学校了……"

优太妈妈："唉，这就是现实吗？真叫人无法接受呀。"

实在是叫人无法接受。所以我才会写这一本书。为了不让靠攻击他人生存的孩子成为社会的主流。

"告诉孩子欺负别人是不对的"，这一点固然重要，可是如果班上大多数孩子的负面感情得不到社会化，就算他们知道"欺负别人是不对的"，也不能让欺凌事件消失。

欺凌这一行为是愤怒、悲伤、不满、嫉妒、憎恨等负面情绪的表现形式，如果不认同每个孩子的愤怒和悲伤，为他们负面感情的社会化做出支援，教师的指导也会被卷入欺凌所产生的恶性循环。

父母对自己的孩子受到欺负这件事十分敏感，但如果自己的孩子"欺负别人"，就很容易轻描淡写地说这不过是小小的"恶作剧"。

如果这个"欺负"与"被欺负"的关系总在转换，我们就很容易认为这是小孩间常有的争执，不会对问题加以重视。确实正如古人所说，"小孩打架大人别管"这样的态度是很重要的。

但是，如果自家孩子身边也出现了这样的欺负来欺负去的事，父母就应该好好地反思一下，自家孩子心中究竟有怎样的愤怒和烦恼，以及当孩子在自己面前表现出这样的情绪时，有没有好好地接受孩子的情绪。

也就是说，我们要做的不是去控制别人家的孩子，而是自我反省。在孩子欺负别人，或者因为害怕自己也受到欺负成为帮凶的时候，我希望父母能够察觉到，这是父母没能完全接受孩子的愤怒、悲伤、痛苦等感情的信号。

负面感情得到父母的包容和认可的孩子，在学校能够规规矩矩地接受老师的指导。在学校和家庭中都得不到包容的孩子，会让愤怒潜伏在自己的内心深处，最终导致下一次欺凌事件的发生。

优太爸爸："原来孩子们的欺凌问题和父母没能好好接受他们的负面情绪有关呢！一旦自家孩子有欺负人的现象，就要反思自己是不是没有好好接受孩子的悲伤和愤怒，这种看待问题的方法真叫人眼前一亮，我可得好好记住才行。"

远藤老师："确实，欺凌虽然是校方必须解决的问题，可是得不到父母的帮助，班级会十分危险。小E无法来上学，我真的非常羞愧。一般来说，就算我们告诉家长他的孩子存在欺负别人的问题，大多数也只会以一顿责骂告终，让我不知道这到底是好还是不好。之前小A妈妈也对我说：'她爸对她进行了严厉的批评教育，所以已经没问题了。'第二天小A来上学的时候，脸上有些瘀青，看来是被父亲揍了一顿。尽管我想对小A的家长说：'不是这样的……'但对方似乎已经不想跟我沟通，让我很难开口。"

从远藤老师的话里可以知道，小Ａ的父母只是严厉地教训了小Ａ，很有可能还没能让父母知道自己真实的感情吧。就是因为父母不理解自己的感受，小Ａ才会爆发出这样的攻击性。父母只知道训斥孩子，反而让孩子的负面感情再次失去社会化的机会了呀。

远藤老师："我也这么认为。父母要做的不是打孩子，而是认真聆听孩子的感受，要怎样才能让小Ａ的父母明白这一点呢？我一直想不到很好的方法。"

步美爸爸："唉，我觉得我以后也会这样。因为不能接受自己的孩子做出这样的事，所以会抑制自己的感情，想要当作没有发生过吧！遇到这种事，我肯定听不进去班主任的话。"

看来家长也有家长的烦恼啊。从小Ａ父母的角度看，孩子犯的错就是自己的错，所以在谈及自己所犯的错误时会感到无比羞辱。正因为如此，父母才会责怪让自己出丑的孩子，冲动起来甚至还会对孩子施以暴力。这一番"教育"后，他们对学校说："我已经好好教训过孩子了，这件事就请到此为止，不要再触及我的耻辱了。"

也就是说这时候，父母有可能无法区分孩子的感情和自己的感情。要想让父母把孩子的话听进心里，就让他们分清哪些感情是自己的，哪些感情是孩子的。

远藤老师："原来父母把这件事当成自己的耻辱啊，那我就能理解了。因为我们越是指出孩子的问题，家长就越是感到羞耻吧。"

所以，当学生在学校惹麻烦后，如果老师能够聆听父母的辛酸、悲伤和愤怒的话，父母们应该能得到一丝救赎吧。

远藤老师："原来如此，我们总是希望家长为了孩子而努力，但有时候正因为是家长，所以才会受到更大的打击。这时候还是需要换位思考啊！不知怎么的，老师当久了，总容易忽视家长的感受。也就是说，当我就小 A 的问题和家长交流的时候，不应该对家长做太多要求，而是要照顾家长的感受，对她说'想必您也受到了很大的打击吧？'或者'我相信您现在可能觉得被孩子背叛似的，心里很不好受'。"

步美爸爸："确实，这样的话，我说不定也能听得进老师的话了。算了，还是去找我太太吧，我可能还是倾向于逃避。"

步美妈妈："如果老师能这样听我讲话，那我应该也能安心了。只要我能够安心，丈夫也会愿意在旁边等我们讲完吧。"

如果老师能好好聆听因孩子的问题受伤的父母的心声，父母就能将自己的感情和孩子的感情区分开来，把自己受到的伤害放在一边，接受并包容自己的孩子。

如果家长总是要求自己做一个"好家长"，就会把"做得不好的自己"和"对孩子的教育产生不安的自己"的部分否定掉。这样一来，在教育孩子时产生的负面情绪就得不到承认，甚至很容易被父母所否认。

如果家长要求自己是个"好家长"，那么他一定也会要求孩子做"好孩子"。假如父母能承认真实的自己，承认自己在教育孩子时存在着不安，承认自己对孩子产生了焦虑，就能够包容孩子的不安以及他们做得不好的地方。

在此意义上，如果老师也要求家长要做个"好家长"，反而会使家长感到痛苦。因此，在老师和家长打交道的时候，一定要注意这一点才行。

第 4 章

从现在起父母能做的事

儿童的教育总伴随着许多出其不意。哪怕家长自以为自己的教育很谨慎，有时也会发生出乎意料的事，带来巨大的痛苦。

但是，克服了这份痛苦的家长们教会了我什么是生存的力量。只要我们爱着孩子，就会发现，孩子也一直是我们的救赎。

在此我打算通过对话的形式，把我从家长身上所学到的东西作为现在父母所能做的事告诉大家。

1. 太郎的情况——我从未想到太郎会把金鱼给杀了

太郎妈妈："这是两年前的事了。太郎当时还在上小学五年级。老师把我叫去学校，告诉我，我家太郎把班上养的金鱼全都给杀了。一开始，我还以为这是老师故意在找太郎的麻烦，因此十分愤怒。毕竟从太郎还小的时候，我就不厌其烦地和他说生命的珍贵，这些话他估计听得耳朵都能长茧了。硬要说的话，他也算是比较懦弱的类型，所以我从未想到他会做这样的事。

我一直以为是学校把哪个没教养的孩子犯的错怪罪到我家太郎身上了。正因为我一直主张自家孩子不会做这样的事，老师就把太郎给带了过来。没想到太郎亲口承认这就是他干的。那时候我真是想死的心都有。"

这可真是晴天霹雳。父母想必一时半会儿很难接受吧，毕竟这样的事实给他们造成的冲击足以让父母失去生活的意义啊！

"那以前的太郎又是怎样的孩子呢？"

太郎妈妈："上五年级前，学校里从来没有发生过这样的事。在三方（老师/家长/学生）面谈的时候，老师说太郎比较安静，行动也比较缓慢，这和我们对太郎的认知是一样的。太郎的性格很安静，说话总是模棱两可，做事也不像个男子汉，总是拖拖拉拉的。我和我丈夫都不太喜欢他这一点，总想着要早点把他给纠正过来，所以在家经常喋喋不休地责怪他。"

"原来如此，也就是说孩子在家经常受到批评是吗？"

太郎妈妈："是的。现在想想真是很对不起他。我总想着要是不快点把他的性格给纠正过来就麻烦了。"

"您眼中的'麻烦'是什么呢？"

太郎妈妈："我自己觉得'麻烦'的时候，事后如果认真想一想，其实也不知道具体麻烦在哪里。其实这个'麻烦'是源自于我内心巨大的不安，跟太郎并没有关系，但那个时候我总是不知不觉地就认为'是太郎有麻烦了'。"

"父母心都是这样的。由于您被自己的不安压得喘不过气来，便误以为'只要太郎能更像个男子汉'，自己就能够放下心来。为什么您觉得'像个男子汉'这样的性格或价值观如此重要呢？"

太郎妈妈："我第一次这样想，是在接受心理咨询之后的事情。我本人在初中的时候就遭遇过校园欺凌，现在回想起来都还很难受，那个时候我真的有过自杀的念头。之后我明白了，我之所以如此担心太郎，是因为那时候的不安再次出现在我的脑海里。我的心被巨大的不安所笼罩着，产生一种强迫症，想着'一定要尽早地纠正太郎的性格'，所以每天都会批评他。"

"您之所以会这样做，也是出于对太郎的关心，只不过这关心有些过了头。那么太郎的情况后来又是如何好转的呢？"

太郎妈妈："太郎现在读初一了。如果有人问我，'太郎的情况有所好转了吗？'我也不知道该怎么回答，不过再也没有发生过杀害金鱼的事情了。硬要说的话，他现在应该是'不让父母省心的孩子'吧（笑）。金鱼事件前，他在家里一直都很温顺老实，对我也是言听计从，所以也不需要我太过操心。不过因为'不像个男子汉'，他经常受到我的批评。他现在已经进入叛逆期，经常闹脾气，也不怎么听父母的话，开始有了自己的意见，我也是相当困扰。有一点和以前大不相同，那就是他在家里表现得喜怒分明，渐渐地展示出了真实的自己。所以我现在慢慢有了自信，相信他再也不会做那样的事。

仔细想想，以前他在家里只表现出喜怒哀乐中的喜和乐。所以怒和哀的部分就变得极具攻击性，最后才会发生那样的事件吧。"

"太郎五年级时，每天都过着怎样的课堂生活呢？"

太郎妈妈："五年级的时候，太郎和班主任关系好像不太好。

从一年级到四年级，班主任都十分疼爱太郎，所以就算受到家长的批评，也有班主任来安慰他。多亏了班主任，他的精神才一直没有崩溃吧。

现在想一想，五年级的金鱼事件说不定还是一件好事。我认为太郎之所以会那么做，是因为受到老师批评的他认为自己失去了最后的避风港。试着想一想，因为每天都被父母批评，渐渐没了自信。可是尽管如此，他在学校也不能摆出一副愁眉苦脸的样子，被老师批评了也只会傻笑，没什么反应，这样一来老师可能也有些焦躁了。那时候，他的笔记本上净是些暴力的涂鸦。由此看来，他的内心必然充满了不安。但是，他当时完全没有流露出不安和焦虑，我也没能察觉到他竟然如此痛苦。"

"您现在也能够如此冷静地反思这件事了呀。那么，您在哪个时期感到最难过呢？"

太郎妈妈："当然了，这件事刚开始给我造成了很大的冲击。不过在这之后，我和太郎一起接受了心理咨询，太郎也能够把痛苦表现出来了。要面对这个痛苦真的很困难啊！有一段时间，由于之前受到的批评产生的恐惧病理性再现，太郎一到晚上就会敲着脑袋边哭边吼。一想到是我让自己的孩子积累了这么多的压力，我就无地自容，抬不起头啊。

可是我又觉得能帮助孩子脱离困境的只有我自己，我便时刻留意着'要在孩子哭泣的时候拥抱他'。刚开始，他像刺猬一样难以靠近，但是渐渐地，太郎在哭的时候会抱住我的胳膊。从那时候开始，我第一次觉得自己也许真能拯救这个孩子，稍微取回了一点儿身为家长的自信。

现在想一想，孩子感到困扰，号啕大哭之时，我们只要给他一个拥抱就好了。这是多么简单而理所当然的事啊！然而我却因为自己的不安，不能好好地抱住他。通过太郎的金鱼事件，我想我已经可以克服自己的不安了。"

妈妈能够直面并且包容孩子的生存"斗争"，这样一来她也能在这场育儿战争中存活下来了。

太郎妈妈："真是不容易啊。经历了这场风雨，理所当然地，孩子该不高兴的时候就会不高兴，开心的时候就会表现出高兴的样子。我偶尔也会像原来一样，头脑一热就把话说得太过了，不过太郎现在也会不服输地还口，把冲突转化成极其普通的母子之间的拌嘴。

我现在明白了'在孩子哭的时候给他一个拥抱'是多么重要。虽然等孩子长大就不太好抱了，可我最近发现，只要我们能接受孩子难过的心情，气氛也会自然而然地温暖起来。

以前，当孩子感到不满意的时候，气氛就会变得剑拔弩张。孩子被不愉快的感情支配的时候，也完全没办法安全地呵护他。"

"孩子的父亲现在怎么看待这件事呢？"

太郎妈妈："我跟丈夫谈了很多。与其说是交谈，不如说是争吵吧。自从我发现我责骂太郎是因为在他身上看到了自己过去的影子，就一直努力温柔地对待他。可是我丈夫却好像很讨厌太郎似的，总是为了一点鸡毛蒜皮的小事责怪他。

　　我从前觉得，在管教孩子这件事上，父母最好采取一致的态度，因此没怎么在意。可是后来，我才发现丈夫的骂法实在是太过分了。我再三劝阻，让他不要再骂孩子了。一开始，他根本听不进去。他固执地认为'对待那种性格的孩子，不严厉一点是改不过来的'。"

　　是这样吗？

　　父亲的自尊心比较强，被指出了根本错误反而会碍于面子而坚持己见吧。

　　太郎妈妈："对，我也这么认为。可能是我说话的方式不太好吧。可是太郎的情况要是一直这样下去，他将来要么会因为少年犯罪登上报纸，要么有朝一日会抄起金属球棒打死他的父母。怀着这样的担心，当时的我有了跟丈夫离婚的想法。

　　当我做好了离婚的心理准备，准备回娘家时，才终于能和丈夫面对面地好好谈一谈。借此，我也明白了丈夫其实是很爱太郎的，他也和我一样，因为过于喜欢太郎而适得其反。"

"您终于能和丈夫相互理解了呢！"

太郎妈妈："是的。那是我先生第一次和我说他的成长经历。我的公公也是个十分严厉的父亲，而且经常拿我先生和他哥哥作比较，一直指责他的性格'不像个男子汉'，所以丈夫说他时至今日都不喜欢自己的性格。太郎很像他爸爸。所以，孩子他爸看到太郎，就好像看到了自己的缺点一样，难受得不得了。

丈夫推心置腹的一席话，让我决定今后也要和这个人一起生活下去。直到今日，我仍然背负着过去的伤痛，所以得知丈夫其实跟我是同一类人后，我觉得他更加可爱了。这样一想，一直以来，我们表面上是极其普通的夫妇，但似乎总是在避免纠纷。我们会一起指责太郎，却从来没有坐下来好好谈谈心。"

"真叫人羡慕呀。也就是说您通过接受丈夫的缺点，也获得了丈夫的包容是吗？"

太郎妈妈："没错。所以现在反而要谢谢太郎，我甚至有过想死的念头，多亏了这次的金鱼事件，多年来沉淀在我心头的淤泥终于被冲得一干二净。我丈夫有时候还是比较冲动，但是只要有我在，他就会意识到自己的错误。看来他也渐渐明白，光靠指责孩子是无法解决问题的。"

2.纱荣子的情况——我的小天使不可能是欺凌的幕后主使

　　纱荣子妈妈："纱荣子今年开始读高中了。我以为我终于可以放下心了。现在想想，纱荣子第一次发出危险讯号是小学六年级的事，可我那个时候可能并没有察觉到。

　　某天在家长会上，大家讨论起了班上存在的欺凌现象。虽然没有说出具体的名字，但许多女孩的家长泪流满面地叙述着自己的孩子受到了怎样的欺凌。看来是有一个幕后主使指使着别的孩子欺负同学。我当时还以为这不关我的事，想着：'这个幕后主使的家长居然还还能保持镇静啊。'不过比起这个，我更多时候在想：'纱荣子有没有被欺负啊，她这么稳重应该没问题的吧？话说回来，被欺负的孩子应该也有错吧？'

然而，家长会结束后，班主任叫住了我，并告诉我那个幕后主使正是纱荣子。我感觉自己像是被人从悬崖上推了下来，头晕目眩，一个字都说不出来。

　　班主任问我："纱荣子是不是压力比较大？"可是她平时活泼开朗，朝气十足，生活中也没有任何不满，我不相信纱荣子能有什么压力。"

　　"当时纱荣子是怎样一个情况？"

　　纱荣子妈妈："她有两个比她大很多的哥哥，又是小女儿，所以在成长中倍受疼爱。这孩子不管做什么都很在行，性格也很开朗，还能够活跃家中的气氛，完全不需要父母担心。哥哥们倒是让我们操了点心，可能也因为纱荣子是女孩子吧，跟上面这两个哥哥相比，纱荣子的教育没有什么让我费心的地方。孩子他爸也很宠溺她，对她百般疼爱，一直夸这孩子像天使一样。

　　所以，我完全无法接受纱荣子'成了欺凌的幕后主使'这个事实。那时候，我试图忘记这件事。回到家看到纱荣子的笑容，我开始坚信'这一定没什么大不了的'。事后回想起来，我才觉得这就是最初的危险讯号。纱荣子把悲伤、愤怒、不满和焦虑都抛在脑后，装出一副笑脸，我们却完全没有发现。"

"想必您现在一定很后悔吧？"

纱荣子妈妈："是的。认真想一想，为了小升初考试，纱荣子当时还参加了升学补习班，晚上就在补习班吃家里带去的便当，10 点以后才会回家。不用上补习班的日子，她要去上钢琴班和游泳班，根本没有自由的时间。可是哪怕学业压力这么大，她每天早上还是按时起床上学，也从未抱怨过一句。我一直把这当成是理所当然，也为纱荣子感到自豪，不断地表扬她。作为奖励，给她买她想要的东西的时候，我也从未犹豫过。只要纱荣子说她想要杂志上的模特穿的衣服，我就会买给他。

所以我根本无法想象纱荣子会有压力和不满。但我后来才知道，把纱荣子一点点逼上绝路的正是我的表扬。"

纱荣子欺负别的孩子这件事居然被无视掉了，难怪进入青春期的纱荣子之后会陷入危机之中。

纱荣子妈妈："是的。后来，纱荣子进入了自己理想的重点中学。初二之前一直相安无事，或者说是我没有发现任何问题。因为是重点中学，周围的同学也很优秀，纱荣子的成绩是中等偏下。但是对家长而言，因为这是重点中学，成绩中下也是能够接受的。

但是对纱荣子而言，这么差的成绩其实给了她很大的打击吧。因为父母能客观地看待事物，我们觉得在这种重点学校取得这样的成绩已经不错了，可是纱荣子却有着强烈的自卑感。在小学，她不需要努力也能无所不能，对于年级尚小的纱荣子而言，进入初中无疑使她的生活发生了骤变。

但是我们并没有察觉到这一点。因为纱荣子和往常一样，在家中扮演着'活泼开朗的天使'的角色。"

原来如此。因为孩子习惯了回应父母的期待，就算心里有苦，也不会表现出来。就算孩子被学校的事压得心里喘不过气，也不会把心里的苦楚表达出来，所以父母也很难察觉到啊。

纱荣子妈妈："我也是这样认为的。从初二的暑假开始，她突然像变了个人似的。她认识了某个男高中生，后来就沉浸在和那个男孩子的关系中。每当我们因为这件事指责她，她的神情就会变得像魔鬼一样，冲着我们放肆地喊道：'烦不烦啊，你们这样还好意思当家长吗？'然后就躲在房间里不肯出来。她还学会了自残。每当她划完自己的手腕，就会冷静下来，变回原来可爱的样子，甜甜地向我们道歉。

我们实在不知如何是好，脑子乱成一团。孩子他爸不能接受女儿的骤变，开始避开她。我只能每天以泪洗面。看到我流泪的样子，纱荣子有时候会一个劲儿地道歉，有时候则骂我不配当妈妈。"

"纱荣子的男朋友是个怎样的孩子呢？"

纱荣子妈妈："看起来像是普通的男孩，并不是不良少年。

和我们家的孩子一样呢，都是被父母尽心栽培的好孩子。所以，作为男朋友，他看起来还是让人放心的。但是他和我女儿发生了性关系。当我在纱荣子的房间发现避孕套时，我差点晕了过去。

我们越是指责她，她跟男朋友的关系就越好，回家的时间也越来越晚。我们不忍看到纱荣子口出狂言、面目狰狞的样子，所以渐渐地，也就对她放任不管了。"

被家长当成宝的姑娘居然变成了这副样子，就算父母想方设法地弥补，知道这一切都是徒劳的时候，也难免想要逃避吧？

纱荣子妈妈："是的。如果能一直逃避下去的话该多轻松啊！但是这毕竟是我的亲生骨肉，身为家长怎么可以逃避？于是我就去心理咨询师那里咨询了一下，因此知道'如果家长选择了逃避，那么孩子将来很有可能就会去援交或者短时间地离家出走'。这种时候，我若是再不能让纱荣子悬崖勒马，就再也保护不了她了。幸运的是，孩子他爸也跟我一起来找了咨询师咨询，做好了思想准备，决定跟纱荣子好好谈一谈。"

"您二位比较注意的事情是什么呢？"

纱荣子妈妈："做好心理准备以后，我就不再当着纱荣子的面哭了。之所以哭，是因为我觉得自己太可怜了，想让纱荣子来安慰自己。事到如今，我必须要有大人的样子。我不断地告诉自己，内心伤得最深的是纱荣子，真正想获得安慰的也是纱荣子。

现在想想，纱荣子一直是我们夫妇的偶像，在为我们操心啊！纱荣子一直作为我们夫妇的宠物，给予我们精神慰藉。她从不说自己难过、悲伤，从来没有在我们面前哭过。所以，为了让纱荣子能在我们面前哭出来，我决定再也不哭了。"

"您能为孩子下这样的决心真不容易，我能知道这股力量是从哪里来的吗？"

纱荣子妈妈："因为我爱着自己的孩子。说不定就是在我下决心的时候，才真正成了孩子的家长。在那一刻，我也感受到了自己作为父母的力量。"

"就是这股力量拯救了纱荣子吧？"

纱荣子妈妈："这条路实在是太漫长了。知道自己怀孕后，纱荣子说要把孩子生下来。这简直是一场噩梦。让孩子打胎真是太痛苦了。幸运的是，孩子他爸也做好了思想准备，能在背后支持我。我在他面前不知哭了多少次。"

"您在心理咨询师那里获得了什么有效建议呢？"

纱荣子妈妈："心理咨询师告诉我，纱荣子能够把自己魔鬼的一面展示给父母，说明她是有意愿变好的。如果父母能够接受这样的纱荣子，那么她的魔鬼的一面和天使的一面就能得到统一。

哪怕到了那种时候，我依然不愿意看到纱荣子魔鬼的一面。可是这就意味着我们否定了纱荣子的愤怒和悲伤。要想包容纱荣子的愤怒和悲伤，就必须要接受她的魔鬼的一面。

这虽然不太容易，但如果做不到这一点，我感觉不远的将来就只能把纱荣子送进精神病院了。作为父母，我们必须竭尽全力。我想要接受魔鬼纱荣子。"

"那么您是怎样做到的呢？"

纱荣子妈妈："不为纱荣子的恶言所动。我渐渐能体会到从纱荣子身上溢出来的悲伤了。我还是很容易被恶语所伤，比如当纱荣子对我说'你没有当父母的资格''就是你们这样的父母把我给毁了'的时候，还是会忍不住想还口，也想哭。可是心理咨询师要求我'把感情先接受过来然后抛弃掉'，我选择不再为此感到烦恼。

咨询师还告诉我，孩子说的话其实是没有深意的。我选择相信咨询师的话。但我更想知道女儿究竟有多么难过，难过到不说那些伤人的话就无法平静下来。

虽然我做好了心理准备，但要做起来还是有些困难的。只要看着纱荣子的睡脸，心情自然就会平静下来，所以每天在纱荣子睡着后，我都会摸摸她的脑袋。有时候还会被她发现，不过她也会很配合地继续装出一副睡着的样子，看来纱荣子其实也是想要撒娇的啊。

这样的日子每天都在持续，一天，受到指责的纱荣子再次对我恶语相向，而看着这样的她，我渐渐明白了，她是多么努力地扮演出一个乐观开朗的好孩子形象，同时又是多么的不安而又脆弱。

想到这里，我便不禁落泪。这个眼泪并不像以前那样。然后纱荣子的表情也变了，眼眶也湿润了起来，终于，我们母女俩抱在一起，失声痛哭。我已经好久没有抱过纱荣子了。这可能是纱荣子第一次在伤心难过的时候能够依偎在我的怀里。我们能走到这一步，付出了包括堕胎在内的巨大牺牲。之后，纱荣子渐渐地冷静了下来。"

那时候的眼泪，是在接受了纱荣子的痛苦之后，为纱荣子而流的眼泪吧。

纱荣子妈妈："是的。我还是第一次流这样的眼泪。这个眼泪同时也给了我身为家长的自信。多亏了孩子他爸我才能面对女儿，正因为爸爸不为纱荣子的暴言所动而且总是以温暖的爱意包容她，她才能感受到在后方默默支持着自己的父亲的力量。"

如果不将负面感情表达出来，而是靠封印自己的感情来适应环境，以此扮演"好孩子"角色的孩子，进入青春期之后就会陷入危机之中。那时孩子之所以会沉浸在如上文提到的性关系之中，是因为孩子能够通过性关系获得身体上的安全感和安心感。中小学的女孩在性这一方面会追求名为快感的极为单纯的身体接触，并沉迷其中无法自拔。

所以只要在和父母的关系中，自己的负面感情得到了认可，能够重新取回安心感，就能够从过早的性关系中脱离出来。

纱荣子妈妈："所以我现在都感到十分后悔，如果在小学六年级孩子第一次发出危险讯号的时候我就能够察觉到的话，就不会发生之后的事情了吧。女儿之所以成为欺凌的幕后主使，其实就是因为她将愤怒和悲伤都关在自己的心底，最终导致自己也无法控制自己的情绪了吧。

现在我才能明白这一点，换做是当时我根本不会朝那个方向去想。所以我作为一个过来人想告诉大家，如果自己的孩子欺负了别人，就请你想一想，是什么原因导致孩子感到悲伤，导致他做出欺负人的事情。"

您刚刚说后来纱荣子的状态也渐渐稳定下来了，那她现在变回以前那个小天使了吗？

纱荣子妈妈："没有，以前那个小天使已经不存在了呀。这样就好。该怎么说呢，她现在有点口无遮拦，有些任性，但又总是向我撒娇，现在她已经是一个极为普通的进入叛逆期的高中生了。她的哥哥们在叛逆期的时候也是这样的，这样就好。孩子是不会事事如父母所愿的，因为她现在心里想什么都会表现在脸上，如果在学校有什么不开心的事情，只要看看她的表情就能够知道。我也能找回自己身为母亲的自信了。"

3. 吉雄的情况——我们家孩子只是身体出了点毛病，不是"精神上"的问题

吉雄妈妈："这件事发生在吉雄读初二的时候。他突然说自己头疼得厉害。一开始，我以为他只是感冒，所以让他在家里休息。没想到第二天，第三天，每当要上学的时候，他都会喊着头疼，痛苦得满地打滚，所以我打电话叫了救护车把他送去了医院。医生替吉雄做了很多检查，可是都没什么大碍。他每天喊着头疼，不愿意去学校。

我和丈夫担心孩子是患了脑肿瘤，于是预约了更大的医院给他做身体检查。现在回想起来还有点不可思议，当时每当医生告诉我们'身体没有任何异常'时，我们都会质疑说：'孩子这么难受怎么可能没有异常？'然后转去下一家医院就医。

后来有医生提出这是精神上的问题。我们当时还以为说这句话的医生是个庸医。不，应该说，我们希望他是庸医。"

"您带着孩子做了不少检查呀，这样会不会反而使吉雄产生不安呢？"

吉雄妈妈："也许会吧，可我们当时没有注意到这一点。这件事让我和丈夫疲惫不堪，很难再去留意吉雄的感情。后来我们才知道，吉雄被取消了社团正式成员的资格，和朋友相处得又不是太好。他在学校里过得不如意，所以不愿去上学，谎称自己头疼。

然而由于我和丈夫过于担心，认为吉雄'一定是患上了脑肿瘤'，把他带去各种医院做大量检查。在不知不觉中，他以为自己真的'患上了很可怕的疾病'，反而造成了头疼越来越严重的恶性循环。"

"如果真是脑肿瘤的话那不是更严重了吗，为什么您更希望吉雄是身体上的疾病而不是'精神上的问题'呢？"

吉雄妈妈："我们真是太傻了。身体没问题本来是再好不过的消息了，可吉雄要是真的出现了精神问题，就意味着我们必须要接受孩子'拒绝上学'的这个事实，这是我和丈夫最不想看到的。没想到这会给吉雄带来更大的痛苦。"

"看来二位无论如何都无法接受自家孩子'拒绝上学'这个事实啊。"

吉雄妈妈："是的。因为孩子'拒绝上学'，就意味着家长的教育方式有问题，所以如果承认了这一点，就意味着我们不得不承认'自己是个失败的家长'。

当时我们并没有察觉到这一点，只是被巨大的不安推动，顽固地求证这孩子只是身体不舒服。"

"那么'承认自己是个失败的家长'会给您带来怎样的恐惧呢？"

吉雄妈妈："我和丈夫一直以自己一帆风顺的人生为自豪，并且我们也是受到这样的教育长大的。我的丈夫就是公司里的战士。当时，职员只要生病就会失去出人头地的机会。在这种背景之下，职员不能犯错，不能生病，必须作为完美的存在才能存活下来，而我的丈夫就生活在这样的世界里。

所以对丈夫而言，吉雄'拒绝上学'，就意味着他会走上无法升学的道路，而这将会成为自己完美人生的一个污点。我打小就被父母要求不能出现一丝的差错，直到现在我的母亲也会问我'有没有教育好孩子'，所以我十分害怕遭到父母的否定。

也许，我们在无意识中认为，如果孩子得的是'身体的疾病'，这就只是无法预料的'不幸'，而不是我们本身的过错。"

"也就是说父母自己都被生活压得喘不过气了呢！这是不是意味着，两位可以接受吉雄君有身体上的疾病，但不能接受他向自己示弱呢？"

吉雄妈妈："没错。现在回想起来，类似的事情以前经常发生。因为吉雄是独生子，我们迫切希望他能早日走上社会，所以把当时只有３岁的吉雄送进了幼儿园。因为他是３月出生，幼儿园开学的时候他才刚过了 3 岁生日，和其他幼儿园的孩子比起来要幼小很多。入学后，他每天都会哭哭啼啼的，开始吵着说不想去幼儿园了。

　　但是我心想，如果这个时候放纵他，他将来遇到讨厌的事情说不定还会选择逃避，于是我强行把他带去了幼儿园。从幼儿园回来后，我发现他指甲下面的皮全都脱落了，应该是因为太过不安自己啃掉的吧。我一心想着'为了早日走上社会，吉雄必须好好努力才行'，所以我没有让他请假。这样持续了一段时间，他居然开始呕吐起来。儿科的医生建议我让他休息一下，我才给吉雄请了病假。

　　现在想一想，可能是因为我不可能允许吉雄请假，所以他的身体无奈做出了反应吧？进入小学之后，他再也没有哭着不想去上学了，倒是经常闹肚子疼和头疼。只要他身体不舒服，我就会让他休息，所以他可能养成了借身体不适来表达不满的习惯吧。"

对 3 岁的孩子而言，当妈妈回应了他"不要！"的哭诉，他就能认识到"不要！"这个词是可以使用的。而如果他得不到妈妈的回应，就会认为"不要！"这个词是无效的。相应地，更加聪明的身体就会通过表现出各种症状来保护自己。这样一来，孩子就会认识到，要想保护自己，靠身体症状来表达诉求才是"有效"的，所以在不开心的时候，就会形成不通过语言而是通过身体症状来表达的习惯。这就是被医生称为"精神问题"的身体症状。

所以，只要孩子能够用语言表达自己的痛苦、愤怒、悲伤、不安、不满等情绪，并得到父母的包容，身体症状也不会出现，这样才能从根本上解决问题。

吉雄妈妈："吉雄的确就是这样好起来的。通过心理咨询，我和丈夫认识到，因为我们自己过于不安，所以根本没有考虑过吉雄到底在被什么东西折磨。如果我们能够着眼于这一点，就会发现吉雄一直在为'我是不是患上了很可怕的疾病'而担心。

通过和心理咨询师进行对话，吉雄渐渐能够明白自己其实非常健康，只不过是有一些普通中学生都有的烦恼。在这之后，他的情况逐渐稳定了。"

"能接受'儿子的症状其实是精神上的问题'这样的事实，说明在二位身上应该也发生了某种巨大的变化。请问二位的心理怎么会发生如此巨大的转变？"

吉雄妈妈："这个问题不是很好回答。我觉得转变的根本，在于我们迫切想要帮助孩子的心理。也可以说，是因为我们深爱着我们的孩子。我跟我丈夫也说过了，现在仔细想一想，其实我们也被吉雄所拯救了。丈夫改变了他的工作方式。我相信他的价值观也发生了一些变化。丈夫自己也一直对这种拼命三郎式的工作方式抱有疑问，可是一直无法做出改变。经过这次的事情，他应该稍微想开了一点，可以更自由地工作了吧？

而我到了这把年纪终于能反抗母亲了。一直以来，我虽然很厌烦母亲对我的干涉，可是哪怕已经是成年人了，却仍在扮演'好孩子'的角色，努力回应长辈对我的期待。在接受了吉雄拒绝上学的事实之后，我终于能直截了当地对母亲说：'我会以自己的方式好好照顾吉雄的，所以请您不要再干涉了！'

令我感到意外的是，母亲居然轻描淡写地对我说：'哦？你终于长大了呀。'我原以为这样说了之后会被母亲责怪，反而会受到更强烈的干涉。现在看来，会有这样的想法说明我也还没有长大啊。说到底这还是一种相互影响吧。只要我表现得像个大人，母亲也就可以接受了。现在我越发深切地感受到，正因为我总是顺从母亲，反倒让她一直为我担心。"

"通过克服这次危机，二位家长都能够活得更加自由了呢。"

吉雄妈妈："事情还未解决的时候，我从未这样想过。后来我知道了，我们之所以能渡过此次难关，是因为我们爱着自己的孩子，只要有爱的力量，就一定能够跨越千难万阻。"

4. 贵子的情况——我不管她有没有自残，只要她能去上学就行

贵子妈妈："那个时候贵子还在读初二。听说她在学校划伤了手正在医院接受治疗，我还以为是发生了什么意外，结果赶去医院才知道，是她自己用美工刀割的。

'你为什么要做这种傻事？'我生气地质问她。替她缝针的医生告诉我，除了这次的伤口，贵子身上还有很多伤痕。医生对我说：'这可不是她第一次割腕了，她一直都在自残啊！您得带她去精神科好好看一下。'我心想：'这孩子究竟要让我多丢脸心里才舒服啊！'真是气的不得了。"

"在这之前，您一直都没注意到吗？"

贵子妈妈："是的，因为贵子一直是个乐观开朗、活泼可

爱的孩子。我倒是注意到她开始戴护腕，可我以为她是追求时髦，在模仿网球选手。

医护室的老师好像早就知道这件事，说贵子大概从初一下学期起就开始自残。被送去医院的时候，据贵子自己所说，她本来是像往常一样在厕所自残，结果这次手一滑，不小心割得太深。她还满不在乎地说自己本来并不打算割得这么深，也没有自杀的念头。

所以我更是怒不可遏，冲她嚷道：'你可别再做傻事了！我也忙得不得了啊，哪儿有这么多时间陪你折腾这些！'"

"贵子以前是个怎样的孩子？"

贵子妈妈："嗯……贵子学习成绩算是比较好的，积极参加社团活动，平时待人也很友善，周围的人都夸她是个好姑娘。她是让我引以为豪的女儿。她不需要我操心，事事都会替我做好，所以不知不觉中，我把这当成了一种理所当然的事情。

因此在得知她有自残行为的时候，比起她的感受，我更觉得是我被背叛了。'丢我的脸'这样的想法不禁涌上心头。"

"看来引以为豪的女儿是您心中莫大的慰藉。一直以来，是您女儿身上的哪一点在支撑着您呢？"

贵子妈妈："说来说去，多亏了贵子能做个'好孩子'，我才可以不用看到自己不想看到的事情，就是这一点一直支撑着我。因为这是我家庭美满的证明，因为贵子能保持'好孩子'的形象，我才会想继续维持这样的家庭。

所以，刚开始去找心理咨询师咨询的时候，我甚至觉得，虽说孩子割了腕，她也不是真的想要寻死。如果贵子心里爽快些后可以再回去上学，我也就心满意足了。只要她能继续做个'好孩子'，割腕这样的小事对我来说也没什么大不了的。而且贵子和原来一样，仍旧表现得活泼开朗，行为端正，显然是要想隐瞒她自残的事实。"

孩子自残的时候，内心充满愤怒、悲伤和不安等负面能量，被恐惧所侵袭。正是为了从这个状态中得到解脱，才会靠割腕来发散压力啊！因为这样做就能变回原来那个被大人所期待着的"好孩子"。

"贵子内心一直隐藏着怎样的愤怒、悲伤和不安呢？"

贵子妈妈："贵子好像有数不清的烦恼。她和我一样，不愿意看到让人愤怒和悲伤的东西，所以在人际交往和学习方面积攒了不少的压力。

当我想要直面贵子的痛苦时，也不得不面对我最不想看到的问题。接下来，我下定决心要和丈夫离婚。"

"因为丈夫，您已经痛苦了很长一段时间吧？"

贵子妈妈："是的。我一次又一次想要和他重新开始，可我其实也只是装出一副若无其事的样子，假装不记得自己的痛苦罢了。我的丈夫会对我施加暴力，也就是所谓的DV（夫妇间暴力）。此前，我不止一次考虑过离婚的事，但是兼职的工资不足以负担我的生活。只要贵子能做一个乖孩子，维持这个'普通的家庭'，就让贵子能够待在一个有父亲的环境里，这对她的成长也是有好处的吧？

　　贵子把这一切都看在眼里。当她渐渐懂事了，看到父亲施暴的样子，看到这个不会为暴力感到愤怒和悲伤的家庭，陷入混乱也是理所应当的。只要我不承认自己的痛苦，贵子就无法整理自己的负面感情吧。而我一旦承认了这件事，就只能和丈夫离婚了。我不希望看到这样的事情发生，假如视而不见就可以继续现在的生活，那这也未尝就是一件坏事。"

　　"所以当您知道贵子自残的时候才会这么生气呀。因为您觉得您长年累月努力维持的东西，就这样被她一口气破坏得一干二净了吧。"

　　贵子妈妈："也许是这样吧。现在回想起来，我当时真是太过分了。结果还是贵子拯救了我。据学校的心理咨询医生所说，一开始她只会说一些高兴的事情，完全不愿意说出自己的烦恼。而当我决意离婚，对贵子坦白了自己的心意之后，贵子渐渐会向医生提及自己的父亲和让她烦恼的事情了。

感到不安的时候，贵子还是想要割自己的手腕，这样的状态持续了一段时间后，我们的生活稳定了下来。渐渐地，她开始对我诉说她的不安，也不再做伤害自己的事情。"

在妈妈接受原本被自己视而不见的愤怒、悲伤和不安等负面感情后，贵子也终于能对医生提及这些感情，接受医生的援助，能够安全地面对自身的悲伤和愤怒了呢！母女之间的羁绊和力量真是十分强大啊！

妈妈试图保护自己的人权的举动，成了拯救孩子的关键。因为要想让孩子幸福，首先就要让自己幸福。

第 5 章

大人的义务与责任

在本章中，我想把我寄托在这本书中的想法记录下来。

1. "想哭就哭"的"好孩子"不必刻意强求

在这本书里，我无论如何都想告诉大家的是："让孩子想哭就哭。"但与此同时，我又不希望这本书成为各位读者用来培养"好孩子"的指南。

为了传达"让孩子想哭就哭"的重要性，我向各位解释说明了，负面情绪得不到社会化，必须要靠解离的方式来适应环境的"好孩子"将来一定会陷入危机。家长们一定会一头雾水，为什么自己眼里的"乖孩子"突然会判若两人，变得极具攻击性呢？所以我认为，为了解开这个谜题，让家长了解孩子内心的痛苦，要从病原学上解释说明。

但是，这种太过直白的病原学的解释，可能让别人以为"那只要在婴幼儿健康检查的时候把这件事告诉父母，这样大家都成长为好孩子，就能够预防事件的产生了吧？"实际上，每当我进行演讲的时候，都会收到类似这样的提问和请求。

并且，人们很容易就把所有责任都怪罪到父母身上，说这是父母的错，殊不知这样可能会让父母的压力越来越大，产生恶性循环。为了极力避免这样的误解，我在本书中通过与父母之间的对话形式，让家长能够更好地理解我想要传达的思想。

我想告诉各位家长的是，在第4章提到的家长的力量（能够和孩子面对面，不忽视孩子以及自己的痛苦，不断地改变自我的力量）是无比伟大的。我认为大多数爱着自己孩子的家长都潜藏着这份力量。但是从现状来看，很遗憾，这份力量大多都是在孩子经受了较大的痛苦之后才被家长所发现。所以我写本书的目的，也是希望各位家长能在孩子受到伤害之前发现这份力量。

　　孩子只会在可靠的大人面前哭泣。我之所以说"让孩子想哭就哭"，其实也是在告诉各位家长，我们大人不能逃避痛苦。

2. "无痛文明"与儿童教育

有关"怎样避免孩子成为问题儿童"的话题到最后都会变成"如何培养一个真正的好孩子"的话题。当你以为自己的孩子正朝着"真正的好孩子"发展时，孩子其实是变成了一个"将来有问题的好孩子"罢了，这是社会的一般趋势。

我在写这本书的时候，也十分担心，害怕自己助长了此类社会风气，让孩子变得更加痛苦。具有讽刺意味的是，出版社为了让自己的书能够卖出去，哪怕会让孩子受苦，也会千方百计地满足社会需求。

就在这时，我遇到了一本让我脱离了这种自缚感的书，大阪府立大学教授森冈正博先生所著的《无痛文明论》。理解了无痛文明中的现代社会背景，就能知道我们会落入怎样的陷阱。

我想引用森冈正博先生的想法，谈一谈孩子的教育问题。

森冈正博先生表示，我们的身体有着追求快乐、舒适、安乐，避免痛苦、悲伤、难过的欲望。这个欲望是"身体的欲望"。身体的欲望是驱动文明发展的原动力，使社会向无痛化的方向发展。

确实，文明以"更高的便利"为目标不断进化。我们的生活均受惠于这样的文明。为了逃避炎热，空调得到了普及。室外因为热风和柏油的协同效应变成热岛，也让人们越来越离不开空调。虽然知道环境问题的严重性，但是如果空调不够强劲，人们又会产生不满。确实，文明的发展进化就是为了让我们能过上便利、轻松、舒适的生活。

森冈正博还提出，在无痛文明中，只有当我们主动选择痛苦，痛苦才会存在。比方说，通过产前诊断得知胎儿存在严重的发育障碍时，文明可以抹去这个胎儿的存在。如果硬是选择将这个胎儿生下来，就意味着这个孩子生在了"选择了痛苦"

的文明中。"预防性无痛化"是无痛文明高度发达的功能。也就是说，它不仅能够抹消现在存在的痛苦，还能充分预测到今后可能发生在我们身上的痛苦，提前把可能导致痛苦的因素一个一个铲除。

我们生活在无痛文明中。如果能这样想，就能知道为什么以前的人也不怎么重视孩子的负面感情，他们的孩子却不会像现在的孩子一样脆弱。现代社会各种看似不起眼的因素其实阻碍着孩子的发育，"无痛文明"的加速也给育儿造成了巨大的影响。

在无痛文明中，大人总是"为了避免不幸的事发生，为了没有痛苦"而采取预防手段，同时也获得了来自无痛文明的恩惠。森冈正博先生用"共犯关系"来形容人和无痛文明之间的关系。我也是这样认为的。我本人也活在这种受到无痛文明的恩惠，又反过来哺育无痛文明的"共犯关系"之中。

在《无痛文明论》中，森冈正博先生深入剖析了产前诊断技术的发展导致的"有条件的爱"。如果在今后的文明进化过程中，可以通过操纵基因来获得"理想的孩子"，这样的孩子在成长过程中一定会发生更大的悲剧吧。经过基因操作获得的"理想的孩子"，一定不能有哭泣、发怒这样的违背父母意见的行为吧。

孩子们应该会本能地与无痛化做斗争吧？正因为大人爱着小孩，所以会为了不让孩子感到痛苦，事先做好无痛化的准备。大人总是希望孩子能够开心，不会痛苦、悲伤、害怕。

但是，正如本书中多次强调的那样，孩子会感受到痛苦、悲伤、害怕、愤怒，是一种极为正常的生理现象。如果这个生理现象被无痛化（即感受不到痛苦）了，孩子们会做出各种各样的抵抗，这是因为孩子身上蕴含着丰富的生命力。因感到痛苦而无法上学的孩子，通过重返学校来抵触强加在自己身上的无痛化处理。封印感情的"好孩子"虽然暂时接受了无痛化，但是他的生命力日后一定会促使其做出抵抗。孩子们正拼命地告诉大人无痛化有多危险，近年来自残儿童和狂暴小学生的数量的增加正意味着这一点。

第4章所介绍的家长的姿态告诉我们，家长要直面孩子身上存在的问题，不逃避痛苦，和孩子们同甘共苦地生活下去。让他们"生活下去"的力量则来源于对孩子的爱。

我坚信着，不论到了怎样的时代，只要重视和疼爱自己的孩子，我们大人就一定能做出改变。唯有改变才是我们的出路。在此意义上，本书尤其强调了"父母教育孩子的责任"。这绝不意味着要追究父母的责任。我相信，父母都有着保护和养育孩子的能力。

3. 对"包容"的误解

在"心理诊疗"和"心理咨询"这些词汇逐渐大众化的过程中,"包容"的重要性也渐渐为世人所知。确实,"包容与被包容"是心理咨询中一个极为重要的概念。当父母诉说"孩子说他不想去上学"的时候,我觉得心理咨询师一般都会回答说:"请包容一下孩子的感受吧。"当拒绝上学的孩子数量激增,逐渐演变成社会问题时,人们渐渐注意到"包容"在子女教育中的重要性。包容是一件好事,但人们对于包容这个概念以及包容所对应的态度,存在着许多误解。

当我们向他人诉说自己的痛苦时,如果能够被对方无条件地包容,内心就会无比祥和。但是人们在理解"无条件的包容"时,会不会把它等同于"无条件的容忍",或者 "只要让人轻松就好"？这样的 "包容"在社会中蔓延的话，心理咨询师的理念也将作为无痛文明的装置，为了促进无痛文明的发展而存在于社会之中吧。心理咨询这个工作要想得到社会的认可，也许必须要发挥其作为无痛文明装置的功能吧？

对"包容"的误解让人们以为教育和包容好像是势不两立的，其实不然。教育包括以下 3 种要素：①为保证孩子健康发育必须制定的规定；②不想被规定约束的孩子所表现出的不快感；③第①条中的规定意味着睡眠时间和均衡饮食等生活规律。这些规定是为了孩子的身心健康而存在的，规定必须符合孩子的年龄。

比如说，让小学一年级的学生每天 5 点之前回家，这在教育的规定中是妥当的。如果要求初中三年级的学生也这样做的话，就不妥当了。规定如果不能对应孩子的年龄，那么所谓的教育其实和虐待没什么区别。为了配合父亲的回家时间让小学生每天 11 点才睡觉，这样的规定其实不利于孩子的身心健康，只是为了方便父母而存在的，所以这不能算作教育。实际上，教育必须具备上述的 3 种要素才会成立。

　　哪怕教育是为了守护儿童的成长而存在的，儿童也会对此感到不满，流露出不愉快的感情。他们会做出一副不乐意、磨磨蹭蹭、又哭又闹的烦人精的样子。正如前文所讲的，能表达出自己的不快感的孩子都是健康的孩子。在受到教育的时候，孩子如果无法表达出自己的不快感，这样的教育反倒不成立了。教育必须经历第②条中的阶段，在此条件下，只有当父母不改变规定，而包容孩子的不快感的时候，孩子才会真正得到教育。第③条对应着负面感情社会化的阶段。包容是什么呢？包容意味着你看到了不好的东西，要承认不好的地方。如果你的孩子不开心了，你要抱一抱他，这就是包容。为了让教育成立，家长必须时刻在孩子面前表现出大人的温柔和坚强。用恐惧来支配孩子的行为算不上教育。所以，教育和包容并非势不两立，它们都自然而然地体现在对孩子的爱中。

包容是一件相当困难的事情。包容痛苦就意味着要"苦他人之苦"。在逐渐被无痛化的社会中，我们越来越无法苦他人之苦，痛他人之痛了。

　　只有当我们直面痛苦，尝试着体会他人的痛苦时，才会产生包容心。从这一点来看，被包容的人也获得了自行发现光明的力量。亲子之间的包容也是一样的，只有当父母能够苦孩子之苦时，才能使孩子的痛苦减半，孩子才能获得发现光明的力量。

　　让孩子想哭就哭吧。想哭就哭的孩子能够相信他人；想哭就哭的孩子拥有内心的自然恢复力；想哭就哭的孩子能够靠身体之力使不愉快的感情变得安全，这意味着他具备顽强的生存能力。

后　记

随着儿子即将高中毕业，我自己的育儿工作也临近结束。

孩子还小的时候，我总是希望他快点长大，然而当他真的长大了，我却又巴不得时间能过得慢一些。我从未想到，孩子的独立居然会让我如此失落。

日本民间传说辉夜姬的故事也告诉了我这一点。不管爷爷奶奶怎么含辛茹苦地把这位从竹子里诞生的小公主抚养长大，她终究还是会踏上奔月之旅。爷爷奶奶为了让辉夜姬留在自己身边，替她选择理想的伴侣，不管采取什么办法，最后还是无法如愿。这就是来自古人的"养育孩子就是这么一回事哟"的教诲吧。

儿子小时候养过小龙虾。从小龙虾妈妈圆滚滚的大肚子中，诞生出了可爱的小龙虾宝宝。小龙虾宝宝在水槽中悠然自得地游动，可是我们只要摇一摇水槽，它们就会慌慌张张地躲进小龙虾妈妈的腹中。为了方便宝宝进入自己的肚子，小龙虾妈妈会抬起尾巴，等到所有宝宝都进去了，再放下尾巴来保护它们。这不禁让我感叹，小龙虾妈妈和宝宝的羁绊原来如此牢固！

但是过了几天，小龙虾宝宝长大了一些，身上也明显长出虾壳的时候，突然之间，小龙虾妈妈开始吃起自己的宝宝了。有一天孩子突然长大了，就要离开父母开始独立生活。在自然界中，这指的就是小龙虾幼崽不再躲回妈妈腹中的时期吧。一旦进入了这一时期，不知是不是 DNA 的影响，小龙虾妈妈不再认定幼崽是自己的孩子。在狭小的水槽中，小龙虾妈妈似乎把幼崽当成了侵入自己领地的"外人"。因为小龙虾会互相残杀，所以必须要把存活的小龙虾一只一只地分隔在不同的水槽里，那时候我家仿佛成了堆放草莓盒的小龙虾养殖场。

从人类角度来看，这可能有点残酷。但我们也许正需要像小龙虾妈妈一样，有着果断与孩子划清界限的觉悟。如果孩子长大成人之后不愿工作，我们还一直给他生活费的话，孩子就更不可能融入社会。然而真的不给孩子生活费，我们又会担心得不得了。孩子进入青春期之后，父母的拥抱就没有以前的效果了。很遗憾，对长大的孩子而言，父母的干涉不过是沉重的负担罢了。现在还有许多大学生因为父母沉重的期待而饱受煎熬。

我希望为了生存而拼命挣扎的孩子们能够获得安心感，健康茁壮地成长下去。

在最后，我由衷感谢编辑部的初鹿野刚先生能够推荐我参与此书的编写。

2005 年 11 月 15 日

大河原美以